최고의 인문학

최고의 인문학

제1판 1쇄 인쇄 | 2022년 3월 15일
제1판 7쇄 발행 | 2023년 8월 15일

지은이 | 한병선
펴낸이 | 김양희
편집디자인 | 장철수
표지디자인 | 두손기획

펴내는 곳 | 도서출판 사색의나무
주소 | 서울시 용산구 원효로 267-1
전화 | 02)717-9012-4
팩스 | 02)717-9015
E-mail edu@ e-times.co.kr
ISBN 979-11-958267-8-0
값 16,000원

*잘못된 책은 즉시 교환해 드립니다.

아인슈타인이 이발사에게 들려주는 이야기

최고의 인문학

문학박사 한 병 선 著

삶이 내게 말을 걸어올 때, 가장 나답게 사는 길은 무엇인가!
우리의 삶을 가치있고 위대하게 만드는 질문을 제시하고 있다.

2022년
좋은책 읽기
운동본부
최우수추천도서

2022년
십 만부 돌파
출판기념회

2022년
독서모임
네티즌선정
도서

도서
출판 **사색의나무**

| 프롤로그 |

한 권의 좋은 책은 인생의 멘토가 되고 위대한 스승이 된다. 때로는 우연히 읽은 한 줄의 글귀에서 마음의 평화와 위안을 얻는다. 그런가 하면 책은 한 사람의 삶을 송두리째 바꿔 놓기도 한다. 책을 캄캄한 밤하늘의 북극성에 비유하는 것도 그런 이유일 것이다.

아인슈타인도 대학 시절 친구가 준 한 권의 책을 읽고 자신의 꿈을 펼친 것으로 알려져 있다. 미국의 제16대 대통령 에이브러햄 링컨 역시 『톰 아저씨의 오두막집』이란 책을 통해 역사적인 인물이 되었다. 링컨은 이 책의 저자인 스토우 부인을 백악관에 초대한 후 이런 사실을 밝혔다. "나는 당신이 쓴 『톰 아저씨의 오두막집』을 읽고 영감을 받아 남북전쟁을 결심하게 되었다"라고 말했다. 영국 수상 처칠이 『로마제국 흥망사』를 읽고 정치가가 되겠다는 꿈을 가졌다는 일화도 잘 알려진 사실이다.

이 책 『최고의 인문학』은 나 자신의 부족함과 어리석음에 대한 고백이자 독백이다. 남세스러운 이야기지만 어떻게 사는 것이 제대로 사는 것인지 그동안 많은 시간 고민해왔던 흔적들인 셈이다.

하지만 이런 생각은 필자만의 생각은 아닐 것이다. 필자 개인의 모습이기 전에 우리 모두의 삶이며 살아가는 일상의 모습이다. 이런 점에서 '오늘

나답게 사는 삶이 어떤 삶일까,' '지금 내가 어디로 가고 있는 것일까'를 물으며 잠을 설쳐본 사람에게 작은 위안이 되었으면 좋겠다.

인간은 사색하는 존재다. "나는 생각한다. 고로 존재 한다"라는 철학자 데카르트의 말을 빌리지 않더라도 인간은 사색을 통해 자유로운 영혼, 마음의 평화. 평정심을 갖게 된다. 사람은 누구나 사색하는 순간 철학자가 된다. 산다는 것은 철학을 한다는 의미다. 그 기저에는 사유와 성찰이 있다. 더 정확히 말하면, 산다는 것은 사유한다는 말이고 그래서 '사유하는 삶은 곧 철학하는 삶'이란 등식이 성립할 수 있다.

앞서 밝혔듯이, 우리는 가끔 한 줄의 글을 통해 위로를 얻는다. 이 글 역시 누군가에게 한 마디의 위로가 되고 힘이 되길 기대한다. 예컨대 나 자신을 찾아 떠난 여행길에서, 산책길에서, 혹은 자신만의 공간에서 동반자가 될 수 있다면 좋을 것이다. 책이 나올 수 있도록 많은 노력을 아끼지 않은 진점규 편집장님과 모든 편집부원들에게 감사드린다.

2023년 가을에
문학박사 한 병 선

| 차례 |

프롤로그 _ 04

제1부 마음의 경영

말에는 화언(和言)도 독언(毒言)도 있다 _ 15
절제의 철학적 가치 _ 18
톨스토이가 던지는 중요한 질문 _ 21
자신만의 좌우명을 만들어라 _ 24
헬렌 켈러를 보라 _ 27
말은 귀가 아닌 눈으로 듣는 것 _ 29
행복한 삶이 성공적인 삶이다 _ 32
심은 대로 거두는 법 _ 35
젊음, 바라는 것들의 실상 _ 38
정성스럽게 살자 _ 41
애물단지, 자식들이 효도해야 할 이유 _ 44
가족을 위해 기꺼이 인질이 되어주자 _ 47
걸으며 마음의 소리를 들어보자 _ 50
군자는 '내 탓'을, 소인은 '네 탓'을 외친다 _ 52
일상에서 감사의 조건을 찾자 _ 54
세 가지 타입의 의지 _ 56

대접받고자 하면 먼저 대접하라 _ 59
좋은 취미는 삶을 풍성하게 한다 _ 61
좋은 습관은 몸의 보배 _ 63
때를 놓쳤다고 생각할 때 _ 66
우물 안의 세상, 우물 밖의 세상 _ 68
평정 _ 71

제2부   지혜와 겸손

재능이 칼이라면 겸손은 칼집 _ 77
'자기객관화'가 필요하다 _ 80
삶의 상수, 중수, 하수 _ 82
자신을 부끄럽게 만드는 교만 _ 85
공동체를 사막화시키는 불신 _ 88
상식론으로 판단하기 _ 90
밥상머리는 '휘게' 문화의 시발점 _ 92
멋진 자신을 만들어라 _ 96
예의는 곧 인격 _ 99

칭찬을 아끼지 말자 _ 102

남에게 폐를 끼치지 말라 _ 105

개권유익(開卷有益) _ 108

막무가내(莫無可奈)에 대처하는 방법 _ 111

공존의 지혜, '똘레랑스' _ 113

악의 평등 _ 115

눈이 두 개인 이유 _ 117

좋은 멘티의 조건 _ 120

원망은 모래에, 은혜는 돌에 새겨라 _ 112

습관은 행동으로 나타나는 몸의 기억 _ 124

진실은 돈으로 살 수 없는 것 _ 127

제3부 사유와 성찰

삶이 그대를 속일지라도 _ 133

음주론 한 마디 _ 136

달라이라마의 용서론 _ 139

멋진 보시 _ 142

나무가 흔들리는 이유 _ 145

지금 현재가 주는 의미 _ 148

진정한 용기 _ 151

인간은 되어 가는 존재 _ 154

고통을 감내하며 성장하는 방법 _ 157

모든 열매는 성실과 노력의 결과 _ 160

겉모습으로 판단하지 말라 _ 163

모든 것은 의지와 도전의 문제 _ 166

소소한 일상도 중요하다 _ 169

진실은 진실 자체로 존재한다 _ 172

우리 모두 욕망의 전차를 타다 _ 175

따뜻한 마음은 소통의 촉매제 _ 178

네 가지의 '선(善)' _ 180

진정한 따뜻함은 내 안에서 찾는 것 _ 182

비교하려거든 자신과 비교하라 _ 185

지혜는 자기성찰의 열매 _ 188

끝날 때 까지 끝난 것은 아니다 _ 191

제4부 사색의 발견

삶의 뿌리를 튼튼하게 만드는 인문학 _ 197
아잔브람의 행복론 _ 201
욕망을 소비하는 시대 _ 204
대과(大過) 없는 삶의 또 다른 의미 _ 207
모든 답은 자기 안에 있다 _ 210
아프다면 바람의 언덕에 올라보자 _ 212
패자부활이 가능한 사회 _ 215
나잇값은 부끄러움을 아는 것 _ 218
소금 한 말을 함께 먹고 나야 친구를 안다 _ 221
행복도 연습하기 나름 _ 224
개인적 차원의 정의 _ 227
나의 삶이 다른 삶의 거울이 될 수도 _ 230
같은 현실, 다른 결과 _ 233
인간에 대한 예의 _ 236
원효의 반항 _ 239
밀레의 만종(晩鐘)은 경전이다 _ 242
인내하는 사람이 익은 곡식을 수확 한다 _ 245
창의력의 재발견 _ 247

제5부 인간과 교육

인성이 곧 미래다 _ 253
의지의 힘, 마음의 갑옷 _ 256
하버드 대학의 시험문제 _ 259
'모멘트 모리' 그리고 '아모르파티' _ 262
'4.0 시대'의 인간소외와 독서 _ 265
거짓말 사회에서 살아남기 _ 268
위대한 침묵의 힘 _ 271
클라망드와 비도덕적 사회 _ 273
때론 불가근불가원(不可近不可遠)도 약 _ 277
부모들이 자식으로부터 독립해야 _ 280
서두르지 말되, 쉬지도 말자 _ 283
자존감, 나를 지키는 힘 _ 286
친구는 세월도둑 _ 289
진정한 자아를 찾자 _ 292
'피그말리온 효과' _ 295
책과 사회 _ 299

"
숭고한 마음과 영웅다운 열정을 가진 사람의
한결같은 희망은
이 세상의 영원한 유산이 된다.
- 리처드 길더 -
"

제1부

마음의 경영

말에는 화언(和言)도 독언(毒言)도 있다

인간관계에서 한마디의 말이 다른 어떤 것보다도 멀리 간다.
한 가지 언어는 벽을 쌓는 반면, 두 가지 언어는 소통할 수 있는 문을 만든다.   - 월터 V. 칼퍼스 -

    말에는 '화언(和言)'도 있고 '독언(毒言)'도 있다. 화언은 따뜻한 말이고 독언은 악의적인 말이다. 화언은 아름답다. 사람을 편안하게 만들고 정을 느끼게 한다. 반면, 독언은 사람들에게 상처를 남긴다. 뿜어져 나오는 독기는 많은 사람들에게 '화상(話傷)'을 입힌다. 독언은 그 화상독이 강하고 독하다. 하여 화독(話毒)에 의한 상처는 쉽게 아물지 않는다. 그대로 가슴에 침전되어 깊은 상처가 된다.

    생활 속에서 가까운 관계일수록 화언의 중요성을 잊는다. 이런 이유겠지만 오히려 가족 간, 친구 간에 말을 통해 상처를 주고 받는 경우가 더 많다. 부지불식 간에 나오는 독한 한마디가 상대의 마음에 상처를 남긴다. "죽는 날까지 그 말은 잊지 않을 거야." 가장 가까운 부부 간에도 흔히 들을 수 있는 말이 아니던가. 그래서 가까운 사이일수록 말을 가려할 수 있는 지혜가 필요하다.

말은 사람을 평가하는 유용한 수단이 되기도 한다. 몸, 말씨, 필체, 판단력을 의미하는 '신언서판(身言書判)'도 그런 예이다. 이런 기준은 당나라의 관리를 뽑는 기준이 될 정도였다. 사람의 됨됨이는 일차적으로 말을 통해 평가할 수 있다는 의미다. 생각을 통한 판단은 많은 시간을 요하지만 말은 긴 시간이 필요치 않다. 상대가 사용하는 단어와 어휘 수준 등 말 맵시를 보면 단박에 알 수 있다. 실제로 육두문자(肉頭文字)를 입에 달고 사는 사람들이 있다. 입만 열었다 하면 거침없이 욕설이 나온다. 이들을 좋게 평가하기는 어렵다. 이들은 말만큼 행동거지도 거칠다. 주변 사람들을 불편하게 만드는 건 당연하다.

그런가 하면 정제된 언어를 구사하는 사람들도 있다. 이들의 말은 항상 품위가 있어서 좋다. 세련된 사람들이다. 이런 사람들을 만나면 편안하고 즐겁다. 언어 습관은 쉽게 바뀌지 않는다. 거친 입이 갑자기 부드러운 입이 되기 어렵다. 속(俗)된 입이 갑자기 고상한 입이 될 수 없다. 이런 이유로 말에 대한 경계가 유난히 많다.

맹자(孟子)의 '계지계지 출호이자 반호이자야(戒之戒之, 出乎爾者 反乎爾者也)'는 대표적인 예다. '조심하고 조심하라, 네게서 나온 것은 반드시 네게로 다시 돌아갈 것이다'란 말이다. 성서에도 등장한다. "바람이라고 해서 모두 키질에 이용하지 말고, 길이라고 해서 아무 곳이고 들어가지 말라. 듣기는 빨리하고 말하기를 더디 하라. 명예도 불명예도 다 말에서 나온다. 남의 험담을 좋아해서 네 혀로 사람을 잡는 일이 없도록 하여라." 또 있다. "난도질하듯 함부로 지껄이는 자들도 있지만 지혜로운 이들의 혀는 아픔을 낫게 한다." "부드러운 대답은 분노를 가라앉히고 불쾌한 말은 화를 돋운다." 등이다.

모두 말을 조심하라는 가르침이다. 말에 대한 경계의 의미를 새겨봐야 할 필요가 있다. 말은 마음속에 있던 생각과 감정의 표현이다. 단순한 소리와는 다르다. 말에는 감정과 사상이 스며있다. '아' 다르고 '어' 다르다는 의미도 이런 맥락이다. 나와 내 속의 나는 언제나 갈등 중이며 이런 갈등은 화가 담긴 말로 표현된다.

소설가 한승원은 말에 대해 이렇게 말했다. "말이란 것은 대범하되 오만하지 않아야 하고, 섬세하되 조잡하지 않아야 하고, 겸양하되 인색하지 않아야 하고, 푸지되 헤프지 않아야 하는데…, 사유하지 않으면 함부로 거칠게 말하게 되고, 소졸(疏拙)하면 까불거리면서 시시콜콜 잔소리를 늘어놓게 되고, 헤프면 중언부언하게 된다."

절제의 철학적 가치
인생에서 가장 중요한 것은 무엇이든 너무 많이 소유하지 않는 것이다.   - 테렌티우스 -

    삶 속에 '철학'이 있다는 것은 중요하다. 철학은 뚜렷한 가치관과 목표의식 속에서 발현(發現)되는 삶의 자세이기 때문이다. 하지만 어떤 철학을 견지하느냐 하는 것은 개인마다 다르다. 예컨대 건강에 방점을 두는 경우도 있다. 돈과 명예를 추구하는 삶을 살 수도 있다. 종교적인 가치에 비중을 둘 수도 있을 것이다. 삶의 철학적 가치는 건강, 돈, 명예, 사랑, 신앙 등 수없이 많다.

    그렇다면 삶의 가치 중 '자기절제'의 덕목은 어떨까. 동서고금을 통해 삶에서 절제의 문제를 과소평가한 경우는 없다. 동양에서도 절제의 미덕을 강조했다. 절제하지 않으면 화를 당하게 된다는 사실을 누구나 잘 알고 있다. 수신서(修身書)에도 가장 많이 등장하는 덕목이다. 필자 역시 절제의 철학적 가치를 중시한다. 혹자가 묻는다면 "내 삶의 철학은 '절제'에 있다"라고 말할 수 있다.

인간이 산다는 것은 단순히 하루 24시간, 1년 365일과 같은 물리적인 시간을 보낸다는 의미는 아니다. 그 시간을 어떻게, 무슨 내용으로 채울 것이냐의 문제를 놓고 고민한다. 이는 자신에게 주어진 시간에 어떤 콘텐츠를 채워 넣을 것이냐의 내용적 문제다. 그렇다면 삶의 문제는 시간의 문제가 아닌 질적인 문제요, 그 평가는 정량이 아닌 정성적으로 이루어져야 한다.

삶 속에서 자기절제를 가장 잘 실천한 사람은 인류의 스승 간디다. 간디는 자신의 삶 전체를 자기절제로 일관했다. 자발적인 금욕과 검소한 생활을 했다. 심지어 육체적인 금욕까지 실천했다. 36세이던 1906년부터 1948년 죽을 때까지 아내와의 동의하에 성적 금욕을 했다. 그는 이 같은 금욕적이고 간소한 생활을 사회적 열정으로 승화시켰다. 실세는 공공복리를 위해 일하고자 하는 그의 욕망을 더욱 배가시켰다.

자기절제가 없다면 모든 일에 '내가 먼저'가 된다. 때문에 이런 보통의 경우를 넘어서는 삶을 사는 사람들이 '인생의 상수(上手)'로 평가받는 것은 당연하다. 역으로 보면 답은 더욱 분명해진다. 예를 들어보자. 자기절제가 없다면 말을 함부로 하는 '구업(口業)'을 지을 가능성은 커진다. 행동을 절제하지 않는다면 몸을 함부로 사용하는 '신업(身業)'을 지을 수밖에 없다. 생각을 절제하지 않는다면 분노, 탐욕과 같은 '의업(意業)'을 짓게 될 것이다.

운전 중에 자기절제를 하지 못해 발생하는 보복 운전의 경우도 자기절제가 얼마나 중요한지를 잘 보여준다. 절제하지 않은 결과가 엄청난 사고를 불러온다. 한 가족 전체의 삶이 송두리째 파괴되지 않던가. '분노조절장애'도 결국 자기절제를 하지 못해 발생하는 문제들이다. 분노사회를 잠재울 수 있는 덕목은 자기절제 밖에 없다.

통제되지 않는 자연개발, 절제 없는 분노사회, 절제하지 않는 과잉 소비, 절제 없는 시민의식 등을 생각해 보라. 절제는 우리의 모든 삶과 직접 맞닿아 있는 덕목이다. 여러 가치 중에서 어떤 삶의 철학을 견지할 것이냐의 문제는 각자의 몫이다. 그럼에도 필자는 삶의 실천적 지표로, 마음의 등불로 '절제'라는 덕목을 권하고 싶다. 절제가 시사해 주는 철학적 가치가 그 어느 덕목에 못지않기 때문이다.

톨스토이가 던지는 중요한 질문

당신은 현재에 살아야만 한다.
출렁이는 파도 하나하나에 자신을 띄워 보내고, 매순간 당신의 영원함을 찾아라. - 헨리 데이비드 소로 -

"이 세상에서 가장 중요한 시간은 언제인가. 이 세상에서 가장 중요한 사람은 누구인가. 이 세상에서 가장 중요한 일은 무엇인가." 러시아의 문호 톨스토이의 단편소설 '세 가지 의문'에 나오는 왕의 질문이다. 우리가 살아가면서 언제든지 생각해볼 수 있는 질문이지만 삶의 문제를 깊이 통찰해 볼 수 있는 화두를 던지기에 충분하다.

왕은 해답을 얻기 위해 현자(賢者)를 찾아간다. 현자는 말한다. "첫째, 이 세상에서 가장 중요한 시간은 현재이고, 둘째, 가장 중요한 사람은 지금 내가 대하고 있는 사람이며, 셋째, 가장 중요한 일은 내 곁에 있는 사람에게 선을 행하는 일입니다. 인간은 그것을 위해서 세상에 온 것입니다.

그러므로 당신이 날마다 그때그때 그곳에서 만나는 사람들에게 사랑과 선을 실천해야 합니다."

그렇다. 심리학에서 '지금 현재(here and now)'를 매우 중시하듯이 이 세상에서 가장 중요한 시간은 지금 현재다. 영화 쿵푸 팬더에서도 같은 맥락의 말이 나온다. "과거는 흘러간 역사이고 미래는 다가오지 않은 미스터리다. 현재는 선물이며 흘러간 과거는 돌이켜 후회해도 아무것도 바뀌지 않는다." 다가오지 않은 미래를 미리 고민하고 걱정한다고 아직 발생되지 않은 일이 해결될 리 없다. 현재를 충실하게 살다 보면 과거도 미래도 바뀐다. 그래서 우리가 최선을 다해 살아야 하는 순간은 바로 지금 이 순간이다.

이 세상에서 가장 중요한 사람은 누구인가. 지금 현재 내가 만나고 있는 사람들이 가장 중요하다. 내 곁에 있는 사람, 내가 자주 가는 곳에서 만나는 사람들이 가장 중요한 사람들이다. 나를 모르는 미지의 사람들이 더 소중할 리 없다. 내 옆에 있는 사람이 나의 스승이자 은인이자 친구다. 언제나 내 곁에서 나와 함께 하는 사람들이 있어서 오늘의 내가 여기에 있다. 내 옆에 있는 사람에게 최선을 다해 진심을 전하고 진정성으로 소통할 때 서로의 사이는 소중한 관계가 된다.

세상에서 가장 소중한 일은 무엇인가? 지금 내 곁에 있는 소중한 사람을 위해 뭔가를 생각하는 것이다. 그 사람을 기쁘게 해줄 수 있는 일을 하면 나도 기쁜 것이고 그 사람을 위해 행복한 일을 하면 나도 행복해진다. 행복은 나눌수록 커지고 커질수록 행복해진다. 그것이 나눔 법칙이다. 흔히 하는 말로 "있을 때 잘 해"라는 말이 빈말이 아니다.

사람들은 미래를 위해 공부하고 노력하며 살아간다. 그렇게 자신과 마주한 현재는 미래를 위해 무조건 희생을 강요한다. 그런데 아이러니하게도 미래가 현재로 다가오면 또 다른 미래를 위해 현재를 희생하고 만다. 분명한 것은 오늘은 두 번 다시 돌아오지 않는다는 것과 오늘이 내가 꿈꾼 바로 어제의 미래라는 것이다. 톨스토이는 간단하지만 의미심장한 이 세 가지 질문을 통해 바쁘게 살아가는 우리들에게 성찰의 기회를 제공한다.

자신만의 좌우명을 만들어라

공작은 모두 자기꼬리가 세상에서 가장 아름답다고 자신하기 때문에 다른 공작의 꼬리를 부러워하지 않는다.
- 러셀 -

좌우명(座右銘)이란 말 그대로 자리의 오른쪽에 붙여놓고 반성의 자료로 삼는 격언이나 경구를 말한다. 그러나 원래는 문장이 아니라 술독을 사용했다. 제(齊)나라는 춘추오패(春秋五覇)의 하나였던 환공이 죽자 묘당을 세우고 각종 제기를 진열해 놓았는데 그중 하나가 이상한 술독이었다. 비어있을 때에는 기울어져 있다가도 술을 반쯤 채우면 바로 섰다가 가득 채우면 다시 엎어지는 술독이었다.

하루는 공자가 제자들과 그 묘당을 찾았지만 술독이 왜 그런지를 알 수가 없었다. 이때 공자가 담당 관리에게 연유를 듣고 나서 무릎을 쳤다. "아, 저것이 그 옛날 제환공(齊桓公)이 의자 오른쪽에 두고 가득 차는 것을 경계했던 바로 그 술독이로구나."

그는 제자들에게 그 문제의 술독을 다시 채워 보도록 했다. 과연 비스듬하게 서있던 술독에 물이 차오르자 다시 쓰러지는 것이 아닌가. 공자가 제자들에게 말했다. 공부도 이와 같다. 다 배웠다고 교만을 부리는 자는 반드시 화를 당하게 되는 법이다. 집에 돌아온 그는 똑같은 술독을 만들어 의자 오른쪽에 두고는 그 스스로를 가다듬었다.

미국 독립의 아버지 토마스 제퍼슨도 12살 때 조부 랜돌프 제퍼슨으로부터 격려 편지를 받고 그것을 평생의 좌우명으로 삼았다. 내용은 이렇다. "오늘 할 수 있는 일을 내일로 미루지 말라. 자신이 할 수 있는 일을 두고 다른 사람과 다투지 말라. 모든 일은 유연하게 대처하라. 물건이 싸다고 필요 없는 것을 사지 말라. 아직 일어나지 않은 일을 미리 걱정하지 말라. 교만하지 말라. 화가 났을 때는 열을 세고 더 참을 수 없을 때는 백을 세라. 돈을 절약하라. 과식하지 말라. 감사하는 마음으로 항상 기쁘게 살라. 매일 성경을 읽고 묵상하라" 등이다.

매우 평범하지만 우리의 일상생활에서 반드시 필요한 덕목들이다. 흥미로운 것은 모든 일에 유연하게 대처하라. 자신이 할 수 있는 일을 가지고 다른 사람들과 다투지 말라. 과식하지 말라 하는 정도다. 어떤 상황 속에서 유연하게 대처한다는 것은 웬만큼 내공 없이는 어려운 일이다. 유연하다는 것은 내적 자신감의 표현이다. 사실이 그렇다. 유연한 사람일수록 기계적인 판단을 하지 않는다. 항상 능동적으로 앞서 가는 판단을 한다. 자신이 할 수 있는 일인데도 일단 다른 사람에게 미루고 보는 것이 일상에서 흔히 볼 수 있는 보통 사람들의 모습이다. 과식하지 말라는 것은 육체적인 절제를 강조한 의미다.

좌우명은 자신을 경계하며 바로 세우기 위한 나침반과 같은 역할을 한다. 항해하는 배에 나침반이 없다면 그 배는 항로를 벗어나기 쉽다. 마찬가지로 삶은 항해와 같기 때문에 인생의 나침반이 없다면 길을 잃기 쉽다. 세상을 살면서 자기 나름의 좋은 좌우명을 갖고 실천한다면 남다르게 순항하는 자신을 발견할 수 있을 것이다.

헬렌 켈러를 보라

인간은 희망을 기반으로 산다. 인간은 아무것도 가진 것이 없지만 희망이 있다.
이 세상은 단연코 희망의 공간이다.　　– 토머스 칼라일 –

　헬렌 켈러는 세 가지의 신체적 중복장애를 극복한 인물로 유명하다. 이런 이유로 세계의 수많은 사람들에게 희망과 용기를 준다. 그녀는 어려서 열병을 심하게 앓았다. 부모는 아이가 살아나는 것은 거의 불가능하다고 생각했다. 하지만 그녀는 기적적으로 회복되었다.

　기쁨도 잠시 아이가 말을 알아듣지 못하는 것을 알게 되었다. 게다가 앞을 보지 못하고 말도 하지 못하게 된 사실을 알고는 더욱 놀랐다. 백방으로 치료했으나 소용이 없었다. 아이는 결국 세 가지 신체장애를 갖게 되었다. 한 가지 장애만을 가져도 살아가기가 어려운 세상인데 듣지 못하고 말하지 못하며 보지 못하는 장애인의 심정을 우리는 상상조차 할 수 없을 것이다.

그녀의 부모는 아이가 학교에 갈 나이가 되자 설리번이라는 가정교사를 채용해서 헬렌 켈러를 집에서 가르치도록 하였다. 설리번 선생은 막무가내로 자란 헬렌 켈러에게 정성과 인내로 손바닥에 글자를 쓰는 법과 입술을 만져 말을 알아듣는 법을 가르쳤다. 이런 헌신적인 가정교사 덕분에 그녀는 1900년 초에 미국에서 대학을 졸업한 지성인이 되었다. 그리고 자신과 같은 장애인들을 위해 많은 봉사를 했다.

그녀의 불행을 생각해보면 우리의 건강과 현실에 대해 감사하지 않을 수 없다. '3일만 정상인이 될 수 있다면'이라는 그녀의 수필에서 이렇게 말했다. "내가 볼 수 있다면 태양이 지는 아름다운 노을을 보고 싶다. 말을 할 수 있다면 부모님과 친구들의 이름을 마음 놓고 불러보고 싶다. 들을 수만 있다면 숲 속에 들어가 새들이 지저귀는 아름다운 소리를 듣고 싶다."

헬렌 켈러가 그렇게 하고 싶었던 간절한 일들을 우리는 너무나 쉽게 할 수 있기 때문에 평소에 감사하지 않는다. 당연한 것으로 여긴다. 하지만 그녀에게는 이런 일상적인 일들이 너무나 간절한 소망이었다. 아마도 일상성이란 것은 감흥이 없는 것인지도 모른다. 우리는 모두 건강하기 때문에 그 사실을 잊고 산다. 그럼에도 우리가 건강하다는 것, 언제 어느 때라도 무슨 일이든 마음만 먹으면 할 수 있다는 것은 분명한 축복이다.

말은 귀가 아닌 눈으로 듣는 것

만약 사람들이 단지 무언가를 얻기 위해 더 많이 가진 자들의 말에 귀 기울이는 것이 아니라 더 많이 아는 자들의 말에 귀 기울인다면 이 세상은 얼마나 다른 세상이 되었겠는가. 　　　　- 윌리엄 J.H.보엣 -

　신이 인간에게 한 개의 혀와 두 개의 귀를 준 것은 말하는 것보다 두 배로 많이 들으라는 것이다. 인간관계에서 중요한 것은 누가 뭐래도 상대방의 말을 끝까지 잘 들어주는 것이다. 그런데 그게 말처럼 쉽지는 않다. 사람은 누구나 자기중심적으로 상대방의 생각을 쉽게 수용하지 않으려는 경향 때문이다.
　이청득심(以聽得心), 귀를 기울여 들으면 남의 마음을 얻는다는 뜻이다. 경청이란 단순히 말을 하지 않고 듣는 것이 아니라, 상대방의 진심을 믿고 받아들이는 구체적인 실천이다. 그래서 말을 들을 때는 언제나 상대방의 눈을 보아야 하며 상대의 말은 귀가 아닌 눈으로 들어야 한다.

공자도 이순(耳順)이 되어서야 들을 수 있었다고 했다. '이순'이라는 말 그대로 귀가 순해졌다는 것이다. 흔히, 말하는 것은 지식의 영역이고 듣는 것은 지혜의 영역이라고 하는 것도 같은 맥락이다. 경청은 사람의 마음을 얻기 위한 최고의 방법이다. 자신의 귀를 열면 상대의 입을 열 수 있고 나아가 마음까지 열 수 있다.

명량해전을 승리로 이끌었던 이순신 장군의 리더십도 경청을 통해 얻을 수 있는 득심(得心)의 리더십이었다. 만일 그가 병사와 백성들의 신뢰를 이끌어내지 못했다면 그의 전술능력, 충성심, 용기가 지금까지 회자될 수 있을지는 의문이다. 그의 리더십을 연구하는 학자들은 그가 병사와 백성들의 뼛속까지 파고드는 신뢰를 끌어낼 수 있었던 비결은 다름 아닌 '경청'이었다고 말한다.

링컨 대통령도 친구의 경청을 통해 심기일전할 수 있었다. 남북전쟁의 와중에서 궁지에 몰린 링컨은 일리노이에 있는 친구에게 워싱턴까지 와 줄 것을 요청했다. 그는 방문한 친구에게 몇 시간 동안 쉬지 않고 이야기한 다음 한마디 의견도 묻지 않고 돌려보냈다. 링컨은 친구의 조언을 듣고 싶었던 것이 아니라 전쟁의 와중에서 자신의 마음을 털어놓을 수 있는 우호적인 경청자를 원했던 것이다. 그 결과 다시 심기일전한 링컨은 전쟁을 승리로 이끌 수 있었다. 훌륭한 경청자를 친구로 둔 덕분이었다.

칭기즈칸이 몽골제국을 건설할 수 있었던 것도 열린 귀로 상대의 말을 들었기 때문이다. 이뿐이랴, 삼성의 창업자인 고 이병철 회장도 경청을 강조한 것으로 잘 알려져 있다. 이런 유지가 그대로 삼성의 경영철학으로 이어지고 있다. 역사 속의 인물들을 보면 공통적으로 경청의 리더십을 통해 그들만의 역사를 만들어왔다는 사실을 알 수 있다. 경청이 상대의 마음을 얻는 마음의 특효약 역할을 한 것이다.

  21세기는 감성의 시대이다. 차가운 머리보다는 따뜻한 가슴으로 말할 때 상대의 공감을 이끌어낼 수 있다. 가슴이 동반되지 않은 머리는 마음을 열기에는 역부족이다. 이성적인 열 마디 보다 따뜻한 위로의 말 한마디가 큰 위력을 발휘하는 것도 그런 이유다.

행복한 삶이 성공적인 삶이다

행복하기란 쉽지 않다.
행복은 다른 사람을 행복하게 할 때 비로소 얻을 수 있는 것이기 때문이다. － 알렉산더 챌머스 －

　성공적인 삶을 산다는 것은 어떤 의미일까. 이런 질문에 답하기는 쉽지 않다. 하지만 해답은 의외로 간단하다. 그것은 자신을 존중하는 삶이다. 이기적으로, 자기중심적으로 살라는 의미는 아니다. 자신에 대해 비판적이고 부정적인 마음을 갖지 않고 긍정적인 자아로 보자는 것이다.
　자신을 부정적으로 보는 사람들은 의외로 많다. 자신감이 없고 자신을 존중하지 못하는 사람이 기쁘게 생활할 수 있을까. 기쁘게 살기는 어려울 것이다. 인생을 성공적으로 살기 위해서는 자신을 존중해야 한다. 누가 뭐래도 그것이 가장 행복한 삶을 사는 지름길이다. 그렇다면 어떻게 자신을 존중하고 자신감을 키워갈 수 있을까.
　첫째, 다른 사람과 자신을 비교하지 말라. 사과와 오렌지의 맛이 서로 다르듯 다른 사람은 다른 사람, 나는 나일 뿐이다. 나는 이 세상에서 유일무이한 존재다. 나를 대신할 존재는 이 세상에 존재하지 않는다. 조물주가 허락한 자기 자신만의 능력이 있다. 그것은 다른 사람과 비교할 수 있는 성질의 것이 아니다. 나를 나답게 만드는 특징이다. 그것이 성격이라도 상관이 없고 능력이라고 해도 상관이 없다. 공동체 생활 속에서 남에게 피해만 끼치지 않는다면 문제 될 것은 없다.

둘째, 다른 사람들이 자신을 평가절하한다 해도 영향 받지 말라. 자신감을 잃으면 자신의 모습이 황폐해지고 매사에 소극적인 태도를 갖게 된다. 묵묵히 그리고 꾸준히 자신의 길을 걸어가면 된다. 목표점에 도달한다는 것이 중요한 일이다. 다른 사람의 평가에 휘둘려 자신의 페이스를 잃어서는 안 된다. 평상심을 잃을 필요가 없다.

셋째, 자신의 능력을 최대화하라. 자신의 미래를 책임지기 위해서는 능력을 키워야 한다. 하지만 그 능력은 다른 사람과 비교할 수 있는 절대적인 능력이 아니다. 다른 사람들이 갖지 못한, 혹은 자신만이 잘할 수 있는 비교우위의 능력을 개발하는 일이다. 이런 능력을 개발할 때 자신의 능력을 최대화시킬 수 있다. 비교우위의 능력은 누구에게나 있다.

넷째, 잘못이나 실패로부터 교훈을 얻어야 한다. "한 번 실수는 병가지상사(兵家之常事)"라는 말이 있다. 실수는 있을 수 있지만 실패를 통해 교훈을 얻는 것이 중요하다는 속뜻이 담겨있다. 한 번 실수에서 교훈을 얻지 못하는 사람은 두 번 실수할 가능성이 커진다. 두 번의 실수는 세 번의 실수로 이어질 수도 있다. 한 가지 더 중요한 사실은 과거의 실패가 현재의 실패를 의미하는 것은 아니다. 과거는 과거의 실패로 끝나야 한다. 다시 또 다른 실패가 있다면 그 실패의 원인을 찾아 대비하면 될 일이다. 모든 사람은 행복할 권리가 있다. 그 권리는 다름 아닌 자신을 존중하며 생활하는 삶이다.

심은 대로 거두는 법

선한 사람이 되는 것은 고귀한 일이다.
사람들에게 선한 사람이 되기 위한 깨달음을 널리 전하는 것은 보다 더 고귀한 일이며, 사람들의 고통을 덜어주는 일이다.   - 마크 트웨인 -

"심은 대로 거두리라." 당연한 얘기다. 콩 심은 데 콩 나고 팥 심은 데 팥 나는 법이다. 하지만 무조건 씨앗을 뿌렸다고 다 끝나는 것은 아니다. 노력 없이는 열매도 없는 법, 소망의 씨앗을 뿌렸다면 정성스럽게 가꾸고 관리해야 한다. 그 과정을 풀어보자. 우선 씨앗을 선별해야 한다. 무슨 씨앗을 뿌릴지를 선택하는 일이다. '나는 왜 이런 소망을 갖고 있는가. 나는 왜 이런 희망을 하는가'라는 근본적인 물음을 먼저 던져야 한다.

좋은 씨앗을 뿌려야 한다. 뿌리지 않으면 싹이 나오지 않는다, 생명을 틔울 수 있는 따뜻한 봄이 와도 아무 소용이 없다. 씨앗을 뿌린다는 것은 자신이 이루고자 하는 구체적인 희망과 목표다. 생각만 하지 말고 이를 실천으로 옮겨야 한다. 물론 잘 가꾸는 일도 중요하다. 가꾸는 일은 스스로 노력하는 구체적인 작업이다. 실천하지 않는 것은 심지 않은 것과 같다. 무더운 여름날에도 김을 매고 가라지를 뽑아야 한다. 이 작업은 결코 만만한 일이 아니다. 많은 노력과 에너지가 들어가야 한다.

특히 가꾸는 일은 시간과의 싸움이다. 발명왕 에디슨은 '시간이 없어서'라고 말하는 것이 가장 비겁한 변명이라고 했다. 잘 가꾸기 위해서는 노력이라는 땀을 흘려야 한다. 『일곱 가지 습관』의 저자 스티븐 코비도 인생의 목적을 명료하게 하고 그 목적을 위한 시간 관리를 강조했다. 실제로 성공적인 삶을 사는 사람들은 자신의 목표를 이루기 위해 수년씩, 혹은 수십 년씩 시간과의 싸움을 벌인 사람들이다. 우리 주변의 달인들만 봐도 그렇지 않던가.

거둔 것은 나눠야 한다. 쌓아 놓기만 해서는 안 된다. 적극적으로 나누고 활용해야 한다. 주변을 위해, 공동체를 위해 베풀어야 한다. 쌓아 놓기만 하는 것은 자신만을 위한 것이다. 완성되지 못한 반쪽 삶이다. 자신만을 위한 삶보다는 주변을 돌아볼 수 있는 삶이 더욱 가치 있기 때문이다.

거둔 것을 나눈다는 것은 아름다운 일이다. 나누는 것처럼 아름다운 일이 어디에 있겠는가. 사회공헌이란 것이 그리 엄청난 것은 아니다. 자신이 지닌 것을 주변과 나누는 것이 곧 사회적 공헌이다. 예컨대, 경제적으로 여유가 있다면 물질을 나누면 된다. 마음의 여유가 있다면 이웃을 돌아보면 된다. 특별한 달란트가 있다면 그것을 주변과 공유하면 된다. 실제로 우리 주변에 그런 사람들을 많이 볼 수 있다. 음악적 재능으로 상처입은 영혼들을 치유하는 사람들이 있다. 의술을 통해 육체적 고통을 치유하는 사람들도 있다. 봉사와 나눔으로 어려운 이웃을 돌보는 사람들도 수없이 많다.

　나누는 것은 자신과 이웃을 모두 풍요롭게 하는 일이다. 주변 사람들을 배려할 줄 아는 사람들이 성숙한 인격인 것처럼 나누는 삶이 성숙한 인생이다. 공유를 통해 자신의 존재의미를 확인할 수도 있다. 성공한 사람은 결코 많이 거둔 사람만을 의미하지 않는다. 거둔 것에 머무르지 않고 나눔을 실천하는 사람들이다. 성취했을지라도 나누지 않는 삶은 내용적으로는 가난한 삶이다.

젊음, 바라는 것들의 실상

나는 내 젊음의 봄을 한가한 장난 속에서 낭비하지 않을 것이다.
나는 성인기에 꽃을 피우고 노년기에 열매를 맺기 위해 귀한 씨를 뿌릴 것이다.   - 리차드 힐하우스 -

   흔히 '젊음이 재산'이라고 말한다. 정말 젊음이 재산일까. 나이 든 사람보다 세상 경험이 많은 것도 아니요. 재산이 많은 것도 아니다. 그렇다고 삶의 지혜가 더 많다고 말하기도 어렵다. 그런데도 사람들은 젊음이 재산이라고 한다. 왜 사람들은 젊음이 재산이라고 말할까. 젊음이 재산이란 말은 젊은 사람들만이 가질 수 있는 특권, 즉 꿈과 희망, 독서와 여행을 많이 할 수 있기 때문이리라.

   희망을 꿈꿀 수 있다는 것, 책을 많이 읽을 수 있다는 것, 자유롭게 여행을 할 수 있다는 것은 분명 젊음의 특권임이 틀림없다. 나이가 들면 젊은 시절 청운의 꿈을 품었지만 그 꿈은 어디론가 사라진 경우가 많다. 삶 속에서 자신의 꿈을 이루기는 쉽지 않다. 많은 사람들이 자신의 꿈을 이루고자 노력하지만 현실 속에서는 만만찮은 일이다. 대부분은 먹고사는 문제를 해결하는 데 급급하다.

독서나 여행을 많이 하기도 쉽지 않다. 독서는 내면의 근육을 키워준다. 책 속에 길이 있고 삶이 있다는 사실을 잘 알고 있는 데도 책을 읽기가 쉽지 않다. 여행도 그렇다. 여행은 시야를 넓혀주고 자유로운 영혼을 만들어준다. 하지만 젊은 시절이 지난 후의 여행은 경제적인 문제 등 여러 제약이 따른다. 마음은 굴뚝같지만 시간을 내 자유롭게 여행을 하기란 쉽지 않다.

결국 '젊음이 재산'이란 말은 젊었을 때의 특권을 최대한 활용하라는 의미인 셈이다. 기성세대들이 경제활동을 하는 것처럼 자신에게 주어진 젊음의 재산을 최대한 활용하는 것은 매우 중요한 일이다. 그것이 앞으로의 삶을 더욱 풍요롭게 만들어주기 때문이다. 꿈이 없다고 생각해 보라. 그것은 칠흑 같은 어둠이 아니겠는가.

다양한 독서를 통해 내공을 쌓는 것도 중요하다. 세상의 일부로 살아가되 지켜야 할 나만의 세계가 있어야 한다. 자신만의 색깔을 유지하면서 세상과 조화를 이루기 위해서는 독서가 필요하다. 독서하지 않으면 얻을 것은 아무것도 없다. 영혼 없이 살아가는 자신의 모습을 가정해 본다면 쉽게 알 수 있다. 세상 사람들이 사는 대로 따라가기에 급급하게 된다. 자신만의 색깔로 세상을 살기가 어렵다.

여행도 많이 해야 한다. 여행은 자연과 역사와의 대화다. 자신을 객관화시킬 수 있는 기회를 제공한다. "자식이 귀할수록 여행을 많이 시키라"는 말도 같은 맥락이다. 유럽에서 자녀들에게 교양여행을 통해 자연과 역사를 공부하게 했던 것은 좋은 사례다. 많이 보고 들으면서 자신의 진정한 모습을 발견할 수 있도록 한 배려다. 더 정확히 말하면, 자연을 보면서 자신의 약함을 깨닫게 하고 역사를 접하면서 인간의 위대함을 느낄 수 있도록 한 것이다. 젊음이 진정 자신의 재산이 되길 원한다면 꿈꾸고 읽으며 많은 사람과 사물들을 접해야 한다.

젊음은 바라는 것들의 실상이다. 어떻게 하느냐에 따라 자신의 재산이 될 수도 있고 그렇지 않을 수도 있다.

정성스럽게 살자

진정은 정성이 지극한 것이다. 진정이 아니면 사람을 감동시킬 수 없다.
진정을 품고 있으면 그것은 저절로 드러나기 마련이다.　　- 장자 -

'정성스럽게 살아야 한다'는 말은 최선을 다해 산다는 말과는 큰 차이가 있다. 전자는 '소망스럽게' 살아야 한다는 의미인 반면, 후자는 '그저 사력을 다해 사는 삶'이라는 점에서 차이가 난다. 누가 뭐래도 최선을 다해 사는 것은 중요한 일이다. 하지만 정성스럽게 사는 것이 보다 더 중요한 일이다. 어떤 차이가 있을까.

첫째, 정성스럽게 산다는 것은 '최선을 다하는 삶'이다. 단순히 최선을 다한다는 점에서는 후자의 경우와 별 차이가 없다. 하지만 단순히 최선을 다하는 삶이 목표 지향적이라면 정성스럽게 사는 삶은 '가치지향적으로 사는 삶'이다.

오늘날 많은 사람들은 숨 돌릴 틈 없이 바쁘게 산다. 회사는 극도의 생산성을 요구하고 개인은 승진과 발전을 위해 발버둥 친다. 다른 회사보다 더 많이 생산성을 올려야 하고 다른 사람들보다 먼저 승진해야 한다. 그것이 목표지향적인 삶을 더욱 강화시킨다. 이뿐만이 아니다. 이런 삶에서는 가치의 문제가 중요하지 않다. 목적을 이루는 것이 최고의 목표가 된다. 경우에 따라서는 목적을 위해 수단과 방법을 가리지 않는다. 이런 삶을 정성스럽게 사는 삶이라고 말하기는 어렵다.

둘째, 정성스럽게 산다는 것은 '방향과 속도를 조절할 줄 아는 삶'이다. 성취해야 할 목표도 중요하지만 그 목표에 대한 방향을 점검하고 수정하는 일은 더 중요하다. 방향을 잘못 잡았다고 생각되면 그 방향을 수정할 필요가 있다. 동쪽으로 가야 하는데 서쪽으로 간다면 그것은 문제다. 삶의 속도가 지나치게 빠르다고 생각되면 완급을 조절할 필요도 있다. 이루어야 할 목표와 속도가 중요할지라도 한 박자 쉬어갈 수 있는 마음의 여유를 가질 수 있어야 한다. 이처럼 바쁘게 사는 것을 잘사는 것으로 여기기보다는 바른 방향으로 가고 있는지를 생각해 본다는 점에서 전자와 후자는 차이가 있다.

셋째, 정성스럽게 산다는 말은 자신의 삶에 애정을 담아내는 삶이다. 부모가 아이들에게 쏟는 정성을 생각하면 쉽게 이해할 수 있다. 부모는 자녀들에게 사랑과 정성을 쏟는다. 고통과 어려움이 있지만 그것을 기꺼이 감내한다. 아이들이 제대로 성장한다면 그것처럼 보람 있는 일이 없다고 생각한다. 우리의 삶도 마찬가지다. 삶의 주체는 자기 자신이다. 삶 속에 때론 고통도 있고 어려움도 따른다. 이런 어려움을 견디고 자신의 삶에 의미와 가치를 부여할 때 삶은 더욱 풍요로워진다. 물론 삶에 정법이 있는 것은 아니다. 그럼에도 정법이 있다면 매 순간 정성스럽게 살아야 한다는 것이다.

   삶은 순간순간이 모여 마디를 이룬다. 그 마디가 마치 대나무처럼 이어져 각자의 삶이 되고 인생이 된다. 삶의 고비마다 숨을 고르면서 정성을 다해 사는 것, 바로 이런 삶이 정성스럽게 사는 삶이다. 최선을 다하는 삶도 좋지만 정성스럽게 사는 것은 더 중요하다.

애물단지, 자식들이 효도해야 할 이유
자기 아내와 자녀들을 사랑하는 마음으로 부모를 섬긴다면 그 효도는 극진한 것이다. - 명심보감 -

명리학에 '관다신형(官多身刑)'이란 말이 있다. 벼슬이 많을수록 몸이 괴롭다는 말이다. 이 말이 확장되어 '자식이 많으면 고생이 많다'라는 의미로도 쓰인다. 이를테면 가지 많은 나무 바람 잘 날 없다는 것을 이른다. 불가에서는 사람마다 각자가 지고 가야 할 '업'이 있음을 가르친다. 업은 벗어날 수 없다는 것이다. 기독교적으로 보면 자신만의 십자가란 의미와도 맥이 통한다. 예수가 십자가를 메고 골고다 산을 올랐던 것처럼 모든 사람들이 자신이 지고 가야 할 고통과 아픔을 일컫는다. 불교의 업이 되었든, 기독교의 십자가가 되었든 자식 키우는 일이 만만치 않음을 암시하는 말이다.

옛날부터 자식은 모두 '애물단지'라고 했다. 예전에는 어린 자식이 죽으면 관 대신 단지에 담아서 묻었다. 차마 맨땅에 그냥 묻을 수가 없었고 그렇다고 관을 마련하기도 어려워 생각해낸 방법이 바로 단지 무덤이다. 이런 의미가 확장되어 부모보다 먼저 죽은 자식이나 부모를 애태우는 자식을 애물단지라고 한다.

관상학에서는 사람들의 얼굴을 귀격(貴格)과 천격(賤格)으로 나눈다. 귀한 얼굴도 있고, 천한 얼굴도 있다는 의미다. 삶의 과정이 얼굴에 그대로 드러난 형상을 일컫는다. 흔히 말하듯, 나이 50이 넘으면 자신의 얼굴에 대해 책임을 져야 한다는 말도 이런 맥락이다. 세월의 풍상이 그대로 얼굴에 옮겨져 나타나기 때문이다.

많은 사람들은 인생사 중에서 자식을 키우면서 하는 걱정과 고민이 가장 크다고 말한다. 세계적인 거부 빌 게이츠도 컴퓨터 게임에 빠진 딸 때문에 마음고생을 많이 했다. 부시 대통령도 말괄량이 딸 때문에 어지간히 속을 끓였다. 세계적인 스승 간디도 속 썩이는 아들과 결국 의절하여 죽는 날까지 대면하지 않았다. 세계적인 인물들도, 인류의 스승도 자식 키우기가 이렇게 힘들 진데 보통사람들이야 어떻겠는가. 모두가 부모인 이상 자식으로부터 자유롭지 못하다는 방증이다.

만일 자식으로부터 자유로운 사람이 있다면 요즘 흔히 하는 말로 전생에서 나라를 몇 번 구했기 때문에 그런 복을 누리는지도 모른다. 이를 그대로 뒤집어 보면 자식들이 부모에게 왜 효도해야 하는지 답이 금방 나온다. 이 대목에서 자식들은 저절로 컸다고 생각할지 모른다. 하지만 저절로 크는 자식은 없다. 부모의 땀과 정성을 먹고 자란 것을 잠시 잊었거나 알지 못하기 때문이다. 명심보감에 이르기를 부모에게 효도하는 자는 하늘이 복을 내린다고 했다. 이뿐만이 아니다. "효성스럽고 공순(恭順)한 사람은 다시 효성스럽고 공순한 자식을 낳을 것이고 오역을 범한 사람은 다시 오역을 범한 자식을 낳으리라. 믿지 못하겠거든 한 번 처마 끝의 낙수를 보아라. 방울방울 떨어져 내림은 어김이 없다"고 했다.

　이 정도면 마음이 뜨끔하지 않은가. 부모를 위해 효도하는 것이 아니고 결국 자신을 위해 효도하라는 말인 셈이다. 우리 모두가 효도해야 할 이유다.

가족을 위해 기꺼이 인질이 되어주자

어릴 때 부모에게서 받는 애정이야말로 범죄를 막는다.　　- 저스틴 존 W. 힐 -[

　　가족은 사랑하는 남녀의 결합으로 시작된다. 부부 접촉을 통해 자녀를 낳으면서 가족의 규모는 점차 커진다. 그 관계성도 확장된다. 처음에는 부부관계로만 출발하지만 부모자식 관계로 관계망이 점차 넓어진다. 처음에는 부부관계에서만 발생하던 갈등이 확장되어 부모 자식 간의 갈등관계로 확장된다. 여기에 성적문제, 진학문제, 교우문제 등 다양한 매개변수에 의한 갈등들이 더해진다.

　　갈등이 발생하면 갈등을 수습해야 한다. 잘 수습하면 큰 걱정은 없다. 하지만 문제를 제대로 수습하지 못하면 일은 두 방향으로 진행된다. 갈라서거나 서로에게 인질이 되는 경우다.

　　첫째, 헤어지는 방법은 일견 쿨해 보인다. 서로에게 부담이 되지 않게

합의에 의해 갈라서면 그만이다. 하지만 이 경우 사춘기 이전의 아이가 있다면 문제다. 당사자들은 쿨 할지 모르지만 아이의 입장은 결코 쿨하지 못하다. 상처와 아픔은 고스란히 아이의 몫으로 돌아간다. 아이도 감당해야 될 몫이 있다고 지나치기에는 상처가 너무 크다.

둘째, 참고 인내하는 경우다. 판단컨대, 이 경우는 정말 가족 간에 사랑과 애정이 철철 넘치는 경우가 아니라면 보통 사람들의 모습이다. 이유는 두 가지다. 흔히 들을 수 있는 "그놈의 정이 뭔지"라는 말과 "자식 때문에 그냥 산다"라는 점 때문이다. 전자는 부부 간에 어쩌다 보니 정이 들어 헤어지지 못하고 그냥 산다는 의미다. 이 정도면 상황을 벗어나고 싶었지만 벗어나지 않고 상대를 인정하고 동조한 것이다. 아이러니하게도 이것이 바로 시간이 흐르면서 인질로 잡힌 사람들이 인질범을 두둔하고 동조하는 스톡홀롬 증후군 아니던가.

후자의 경우도 서로가 서로에게 인질의 역할을 하는 관계이기는 마찬가지다. 경우의 수를 보자. 자식이 인질의 역할을 하고 있는 경우다. 부모는 자식 때문에 이러지도, 저러지도 못한다고 말한다. 훌훌 털어버리고 싶지만 자식의 미래를 위해 그렇게 하지 못한다고 생각하는 경우도 많다. 자식이 인질의 역할을 하는 셈이다.

반면, 아이들의 입장은 어떤가. 당장 가출이라도 하고 싶을 때가 많지만 그렇게 하지 못한다. 집을 나서면 학교 문제도 그렇고 마땅히 갈 곳도 없다. 가족이라는 울타리를 벗어나고 싶지만 떠나면 먹고 입고 살 자신이 없다. 정리하면, 아내는 남편에게, 남편은 아내에게, 부모는 아이들에게, 아이들은 부모들에게 인질이 되어 있는 모습이다.

가족 간의 관계를 인질 관계로 말한 것은 역설적인 접근이다. 더 정확히 말하면, 부부가 쿨하게 갈라서는 것보다는 참고 인내하며 서로에게 인질이 되어주는 것이 긍정적인 측면이 많다는 것의 강조다. 특히 청소년 문제와 관련해서는 더욱 그렇다. 상황이 어떻든 아이들은 부모의 사랑과 애정, 지지 속에 자라야 한다. 부모의 인생만큼 아이들의 인생도 중요하기 때문이다.

사전적 정의에 의하면 가족은 "부부를 중심으로 친족 관계에 있는 사람들의 집단, 또는 그 구성원, 혼인, 혈연, 입양 등으로 이루어진 집단"이다. 기능적으로는 부부 간의 성적기능, 자녀출산, 교육, 경제적 활동이 이루어진다. 인류의 발생과 함께 이어져 온 가장 오래된 집단이며 사회를 구성하는 가장 기본적인 단위다. 이런 기본 단위가 깨지면 아이들도 깨진다.

걸으며 마음의 소리를 들어보자

때때로 멀리 떠나 약간의 휴식을 취해보라.
다시 일터로 돌아왔을 때 당신의 판단력은 보다 확실해질 것이다.
끊임없이 일만하는 것은 오히려 판단력을 흐리게 한다.   - 레오나르도 다빈치 -

    인간은 직립보행을 통해 인간다워졌다. 인간이 직립할 수 없었다면 오늘날과 같은 생활모습은 상상할 수 없었을 것이다. 인간의 직립 특성을 가장 잘 나타내는 것은 걷기여행이다. 인간이기 때문에 걷기를 여가와 여행으로 진화시킬 수 있었다는 의미다. 인간은 걸으면서 생각하고, 생각하며 걷는다. 걷기를 통해 아이디어가 나오고, 걷기를 통해 사고활동이 이루어지는 경우가 많다.

    과거 서양에서는 순례자들이 그랬고 우리나라의 고승 혜초, 그 밖의 수많은 수도자들이 그랬다. 모두 걷기를 통해 구도(求道)를 하고자 했다. 걸으며 사유하고 철학을 공부했던 소요학파(逍遙學派)도 마찬가지다. 이들 역시 정원의 숲 속을 거닐며 학문을 논했다. 의미보행, 즉 걷기여행은 여행의 본형이다.

교통수단이 발달하기 전 과거의 여행은 걷기로부터 시작되었다. 핵심은 걷기를 통한 자기 성찰이다. 자연을 벗 삼아 걸으며 자신을 돌아보는 행위다. 바쁜 일상 속에서 자신을 잊고 살았던 부분들을 다시 생각하고 지난 시간들을 반추하는 것이다. 한 가지 다른 부분이 있다면 여기에 휴식이라는 현대인들의 필수 비타민을 접목시켰다는 점이다.

견문을 넓힌다는 의미에서도 걷기여행은 중요하다. 주역(周易)에 나오는 '관국지광(觀國之光)'이란 말도 따지고 보면 이런 의미다. 원래는 다른 나라의 발전상을 본다는 뜻이지만 확장된 의미로 견문을 넓히는 일이라고 해도 그르지 않다. 자식이 귀할수록 여행을 많이 시키라는 말도 그렇다. 이 역시 자녀의 견문을 넓히게 하는 데는 여행만큼 좋은 것이 없다는 얘기다. 서유럽이나 미국 등지에서 교환학생 제도가 활성화된 것도 같은 맥락이다. 많이 보고 들을 수 있도록 한 교육적 배려의 하나다.

외부에서 오는 소리는 듣고 싶지 않아도 저절로 들린다. 하지만 마음의 소리는 쉽게 들리지 않는다. 조용히 자신을 돌아볼 때만 비로소 가청(可聽)할 수 있다. 자연을 보며 그 섭리를 느끼고 바람 소리를 들을 때만 자신의 숨소리를 확인할 수 있다. 조용한 숲길에서 자신의 심저(心底)에 집중했을 때만 그 자신의 발걸음 소리를 들을 수 있다.

인간은 스스로 내면에 집중할 때 풍요로워지고 성장한다. 물질적인 풍요나 외부로 보이는 풍요만이 풍요는 아니다. 부유함은 물질에 있지 않다는 예수의 가르침을 거론하지 않아도 누구나 알 수 있다. 펼쳐진 길 위에서 마음을 비워도 진정 부유해질 수 있는 걷기, 그것이 곧 의미보행이다.

군자는 '내 탓'을, 소인은 '네 탓'을 외친다
사람의 가치를 직접 드러내는 것은 재산도 지위도 아니고 그 인격이다.　　- 아미엘 -

　"내가 길을 건널 때는 모든 차가 멈춰야 하고 내가 운전을 할 때는 모든 보행자가 멈춰 서야 한다. 타인이 무단 횡단 하는 것은 목숨을 가볍게 여기는 경솔한 행동이고 내가 무단 횡단 하는 것은 목숨마저 아깝지 않을 만큼 급한 일이 있어서다. 복잡한 버스나 지하철에서 나를 밀치는 것은 자신만 편하기 위한 이기적인 욕심 때문이고 내가 남을 밀치는 것은 다른 사람이 밀쳐서 생긴 어쩔 수 없는 일이다. 타인이 새치기하는 것은 파렴치한 행동이지만 내가 새치기하는 것은 급하다 보면 그럴 수 있는 행동이다."
　과거 우리사회에 반향을 불러왔던 '내 탓이오'라는 운동이 있었다. 자신을 먼저 돌아보아야 한다는 반성적 운동이었다. 내가 먼저 내 자신을 돌아보지 않으면 변화를 기대하기 어렵다는 공감대에서 출발했다. 원래 '내

탓이오'란 말은 종교적인 말에서 나왔다. '메아 쿨파(Mea Culpa)'란 말이 그것이다. '잘못을 자신에게서 찾는다'는 의미로 남의 탓을 하지 않고 잘못의 원인을 먼저 자기 자신에게서 찾으라는 권고다.

도덕률의 의미로 보면 '메아 쿨파'는 종교적 의미 이상이다. 끊임없이 남의 탓만 할 때는 공동체의 발전이나 사회적 진보를 기대하기 어렵기 때문이다. 삶 속에서 일어나는 갈등과 다툼, 미움과 분노는 대부분 나 자신이 아닌 남의 탓으로 돌리는데서 발생한다. 이런 문제를 다스릴 수 있는 성찰적 덕목이 자기 자신을 먼저 돌아보는 것이다.

『논어』에 나오는 "군자구제기, 소인구제인(君子求諸己, 小人求諸人)"이란 말도 그런 경우다. 군자는 잘못을 자신에게서 찾지만 소인은 잘못을 남에게서 찾는다는 말이다. 『명심보감』에서 이르는 "행유부득 반구제기(行有不得 反求諸己)," 행하고도 얻는 것이 없다면 자신을 돌아보아야 한다는 말도 같은 맥락이다.

서양의 '메아 쿨파'를 봐도 그렇고 동양의 논어나 명심보감 같은 고전을 봐도, 남의 탓으로 돌리는 것을 경계하라는 권고를 보면 나를 먼저 돌아보는 것이 발전적 태도임을 알 수 있다. "남의 눈 속의 티끌은 보면서 자기 눈 속의 들보는 보지 못한다"는 성서의 가르침은 또 어떤가.

보통의 경우 자신에게는 관대하지만 남에게는 엄격하기 쉽다. 다른 사람에게 엄격한 것만큼이나 자신에게도 엄격하다면 상황은 달라질 수 있다. 남을 탓해서 우리가 얻을 수 있는 것은 아무것도 없다.

일상에서 감사의 조건을 찾자

행복과 불행은 얼마나 높은 곳에 있느냐, 혹은 얼마나 낮은 곳에 있느냐하는 것으로 결정되지 않는다. 지금 어디로 향하고 있는가에 따라 결정된다.　- 사무엘 버틀러 -

　당연한 이야기지만 삶은 행복만으로 이루어지는 것은 아니다. 그렇다고 불행만으로 이루어지는 것도 아니다. 하지만 우리는 생활 속에서 불행하다고 생각하는 경우가 많다. 더욱 이상한 것은 같은 조건에서도 어떤 사람들은 감사의 조건으로 받아들이는 반면 그렇지 않은 경우도 있다.
　감사의 조건과 불행의 조건이 따로 있는 것은 아니다. 핵심은 같은 조건과 같은 상황에서도 그것을 어떻게 받아 들이냐의 문제다. 장애아를 둔 부모들은 아이가 공부를 잘하고 못하는 것으로 행복을 판단하지 않는다. 아이들이 세상 속에서 차별 없이 살 수만 있다면 그것으로 족하다고 생각한다. 중복장애가 있는 경우는 한 가지 장애만 있어도 얼마나 좋을까라고 생각한다.

행복하기 위해서는 일상에서 감사의 조건을 찾는 지혜가 필요하다. 살면서 누구도 행복을 원하지 않는 사람은 없다. 이 말이 식상하다면 역으로 생각해보자. 당신은 살면서 불행을 원하는가. 아닐 것이다. 감사의 조건을 찾는 방법은 두 가지다. 일이 뜻대로 되지 않을 때 '나보다 못한 사람을 생각하는 방법'과 '잃은 것보다 여전히 가진 것이 더 많다고 생각하는 방법'이다.

자신보다 못한 사람을 생각하라는 전자의 방법은 패배주의적인 방법으로 비쳐질 수 있다. 하지만 이 방법은 『채근담』에서 권하는 방법이다. 앞서 밝혔듯이, 자녀가 건강하지 못한 부모는 건강한 자녀를 둔 보통의 부모들을 행복한 사람들이라고 말한다. 고전에서 권하는 비법은 바로 이것이다.

잃은 것보다 가진 것이 더 많다고 생각하는 것도 좋은 방법이다. 비록 실패했지만, 아직 젊고 건강하다는 것, 여전히 성취해야 할 일들이 많이 남아있다고 생각한다면 마음이 달라질 수 있다. 돈이 많다고 모두 행복한 것은 아니다. 잘 나간다고 해서 행복한 것은 더더욱 아니다.

서양에는 "어느 집이든 벽장에 해골이 있다"는 속담이 있다. 돈은 많지만 건강에 문제가 있을 수도 있고 부부 간, 가족 간에 불화가 있을 수도 있다. 유명 연예인들이나 사회적으로 잘 알려진 사람들이 아무리 행복해 보여도 말 못할 사연들은 한 두 가지쯤 있기 마련이다. 나는 부족하고 못나가는 것 같지만 따져보면 내가 더 나은 조건들이 분명히 있다. 나만 불행한 것처럼 느껴진다면 생각을 바꿔볼 일이다.

세 가지 타입의 의지

인생에서 가장 위대한 기술 중 하나는 정확한 가치를 감정하는 기술이다.
우리는 어떤 물질적 가치도 안전하게 묶어둘 수는 없다. 진정한 가치는 당신 곁에 머무르고, 당신을 행복을 주고, 당신을 풍요롭게 하는 것이다. 그것만이 인간의 가치이다. - 조지 매튜 아담스 -

    세상에는 그 모습만큼이나 다양한 사람들이 있다. 각각의 가치관도 다르다. 놀이와 유흥에 가치를 두며 사는 사람들도 있지만, 종교적인 가치를 중시하며 사는 사람들도 있다. 눈에 보이는 외적 가치를 중시하는 사람도 있지만, 내적인 가치를 더 중시하는 사람들도 있다. 먹고 사는 문제보다는 다른 철학적 가치에 방점을 두고 생활하는 사람들도 있다. 명상을 하며 인간 본연의 문제를 탐구하는 수도 생활을 하는 사람들도 있다. 이런 가치관에 따라 나타나는 행동양식은 각 개인의 고유한 색깔과 장점이 될 수 있다.

    하지만 다른 각도에서 의지의 문제는 좀 다르다. 자신이 가치를 두는 일에 적극성을 보이는 경우도 있고 그렇지 않은 경우도 있기 때문이다. 이런 점에서 '의지가 강한 사람,' '의지가 없는 사람', '친구 따라 강남 가는 사람'으로 나눌 수 있다. 당연한 얘기지만, 의지가 강한 사람이 가장 바람직한 유형이다. 의지가 없는 사람은 자신이 목표한 것을 이루기 위해 집 나간 의지를 스스로 찾도록 노력을 경주해야 한다.

'친구 따라 강남 가는 유형'은 의지가 전혀 없는 것은 아니지만 상황 통제를 제대로 하지 못하는 타입이다. 이런 경우 역시 상황을 자신의 것으로 만들어 갈 수 있도록 노력할 필요가 있다. 친구나 주변 사람들이 강남을 가자고 권해도 따라가지 않는 강한 의지가 있어야 한다.

'의지가 강한 유형'은 단연 헤밍웨이의 '노인과 바다'에 나오는 주인공과 같은 사람이다. 어부는 84일 동안이나 계속 바다에 나갔지만 고기를 한 마리도 잡지 못했다. 그런데 어느 날 자신의 배보다 더 큰 물고기가 걸렸다. 고기가 워낙 커서 하룻밤과 하루 낮을 고기한테 끌려 다녔다. 노인은 온 힘을 다해 두 번째 밤이 밝을 무렵 마침내 고기를 끌어올려 배에 붙들어 매는데 성공했다.

노인은 귀로에 올랐다. 그로부터 한 시간 후, 예기치 않은 상어의 습격을 받았다. 상어는 계속 따라오면서 노인이 사투를 벌이며 어렵게 잡은 고기를 먹어 치우기 시작했다. 그럼에도 노인은 "사람은 죽음을 당하지만 지지는 않는다"라고 하며 상어와 끝까지 싸운다. 그런 노력에도 불구하고 항구에 돌아왔을 때 고기는 결국 뼈만 남아 있었다. 그렇지만 노인은 자기의 패배에 대하여 스스로 만족한다. 바로 이런 사람이 의지가 강한 유형의 전형이 아니겠는가. 인간의 인내심과 의지를 잘 나타내주기 때문이다.

강한 의지뿐만이 아니다. "사람은 죽음을 당하지만 지지는 않는다"라는 노인의 고백은 의지가 약한 젊은이들이 새겨들어볼 만한 충분한 가치가 있다. 더구나 노인이 그렇게 말할 정도라면 젊은이들은 더욱 그렇지 않겠는가. 갈수록 젊은이들의 의지와 삶에 대한 간절함이 사라져간다고 말한다. 의지가 없는 사람, 의지가 강한 사람, 친구 따라 강남 가는 사람 중 어느 타입이 바람직하겠는가.

대접받고자 하면 먼저 대접하라

지성은 자신의 일에서 자신이 할 수 있는 최선을 다하기 위한 노력이다.
즉 마룻바닥을 닦는 일이건 기업을 경영하는 일이건 그 일에 존엄성을 부여하기위한 노력이다.
- 제임스 C. 페니 -

 "대접받고자 하면 먼저 대접하라." 이 말은 성서적 가르침이기도 하지만 어느 사회에서나 통용될 수 있는 보통의 규범적 가치다. 흔히 말하는 역지사지(易地思之)와도 상통한다. 상대를 배려했을 때 나도 배려 받을 수 있다는 것이다. 배려는 따뜻한 마음으로 이해 당사자를 존중하는 태도다. 나아가 세상을 윤리적 공동체로 만드는 중요한 가치로 기능한다. 나의 처지와 상대방의 처지를 바꾸어 생각해보면 쉽게 이해할 수 있다.
 사회의 발전은 인간존중 의식의 함양과 밀접한 관련성을 가진다. 그 발전의 종착점은 인간의 존엄적 가치가 극대화될 수 있도록 하는 것이다. 복지정책은 왜 시행하는가. 왜 인성교육과 시민교육을 하는가. 왜 사람답게 사는 사회를 만들고자 하는가. 이런 모든 노력들이 인간이 인간 자체로서 존중되는 사회를 만들고자 함이 아닌가. 당연한 얘기지만, 인간이 인간을 존중하지 못할 때 인간의 존엄성은 훼손된다.

인간 자체의 존중은 권력이나 금력과는 상관없이 존중되어야 하는 매우 중요한 가치다. 인간의 존엄은 "사람 위에 사람 없고 사람 아래 사람 없다"는 명제로 요약할 수 있다. 수평적 인간관계 속에서는 갑질이 성립될 수 없다. 더 정확히 말하면, 앞서 말한 대로 자신이 대접받고자 한다면 먼저 대접해야 한다는 것이다. 이것이 기반이 되어 정상적인 인간관계를 형성하게 된다.

그렇다면 어떻게 해야 할까. '소울 서칭(soul searching)'을 할 필요가 있다. 자신을 돌아보는 방법이다. 나는 특별한 사람이니까 다른 사람들을 무시해도 된다는 부도덕한 특권의식에 빠져 있지는 않았는지, 부지불식간에 남에게 상처를 주는 갑질을 하지 않았는지를 살펴보아야 한다. 이렇게 함으로써 타자와 나의 입장을 상대적으로 견주어 볼 수 있다.

'맹자'는 이렇게 말했다. "남을 예우해도 답례가 없으면 자신의 태도를 돌아보고, 남을 사랑해도 친해지지 않으면 자신의 인자함을 돌아보며, 남을 다스려도 다스려지지 않으면 자신의 지혜를 돌아보아야 한다."

좋은 취미는 삶을 풍성하게 한다

꿈꾸는 것 자체로도 좋지만, 꿈도 꾸고 일도 하는 것이 더 좋다. 신뢰는 강하지만 신뢰를 수반하는 행동은 더욱 강하다. 무언가에 대한 열망은 좋은 것이다. 그러나 일에 대한 열망은 무엇에도 비길 수 없다.
- 토마스 로버트 게인스 -

    필자는 새벽마다 낭송을 즐긴다. 산책을 하며 그날 해야 할 일과 아이디어 정리가 끝나면 핀소리 한 자락이나 한시(漢詩) 한 수를, 예컨대 "청산혜요아이무어(靑山兮要我以無語)/ 창공혜요아이무구(蒼空兮要我以無垢)/ 료무애이무석혜(聊無愛而無惜兮)/ 여수여풍이종아(如水如風而終我)" 등을 낭송한다.

    '청산은 나를 보고 말없이 살라 하고 창공은 나를 보고 티 없이 살라 하네, 사랑도 내려놓고 원망도 내려놓고 물같이 바람같이 살다가 가라 하네'라는 뜻이다. 이런 시를 낭송할 때마다 마음이 정리되는 느낌이 든다. 낭송은 내용이 주는 감동은 물론 여러 장점이 많다.

    낭송이란 텍스트를 소리 높여 읽는 것이다. 모든 고전은 낭송을 전제로 한다. 과거 학동들이 훈장님 앞에 앉아 낭송을 했던 모습, 바로 그런 모습이다. 묵독을 통해서는 그 진정한 의미를 음미하기 어렵다. 모든 외국어 공부에도 낭송은 필수다. 영어를 공부하는데 소리를 내지 않는다고 생각해 보라. 중국어를 공부하는데 소리 내지 않고 공부한다고 생각해 보라. 그것이 가능한 일일까.

낭송은 동서양을 막론하고 수천 년 동안 내려온 원초적인 공부법이다. 중국 철학사의 거장 왕양명은 '어린이 교육법'에 대해 이렇게 말했다. "매일 공부를 할 때에는 먼저 덕을 생각하고, 다음에는 글을 암송하며, 그다음으로 예법을 익히거나 글짓기 등을 배우고, 또 그 다음으로 다시 암송한 것을 발표하거나 노래로 부르도록 해야 한다."

어린이뿐이랴. 낭송은 남녀노소를 막론하고 누구나 다 가능하다. 아무리 어렵고 낯선 고전도 낭송을 하면 얼마든지 쉽게 접할 수 있다. 보통 의미를 정확히 이해한 다음에 읽는다고 생각하지만 꼭 그런 것만은 아니다. 낭송을 하고 암송을 하다 보면 문득 깨치는 경우도 아주 많다. 필자의 경험으로도 그랬다.

말하고자 하는 것은 이것이다. 좋은 취미가 삶을 풍요롭게 한다는 것이다. 특히 어렸을 때 좋은 취미를 갖게 되면 평생의 취미가 된다. 어릴 때부터 붓글씨를 쓴다면 노년이 되어서도 서예를 즐길 수 있다. 그림 그리기를 좋아한다면 오래도록 그림을 그릴 수 있을 것이다. 클래식 음악을 즐겨 듣는다면 역시 평생의 좋은 취미가 될 수 있다.

사행성 게임이나 오락, 도박을 취미로 하는 것과는 완전히 다르지 않은가. 따지고 보면 게임중독이나 컴퓨터 중독의 문제도 잘못된 취미의 문제다.

좋은 습관은 몸의 보배

가장 훌륭한 삶을 선택하라, 그러면 습관이 삶을 즐겁게 만들 것이다.   - 에픽테투스 -

작은 동기에 의한 선택이 우리의 삶에 기다란 결과를 가져올 수 있다. 나비 효과도 그중 하나다. 나비 한 마리의 작은 날갯짓이 아마존에서는 미풍에 불과하지만 결과적으로 중국 베이징에서는 폭풍의 형태로 나타난다는 것이다. 시작은 작지만 결과는 예측할 수 없을 정도로 강한 영향력으로 나타나는 사례다.

습관도 그런 특징을 가진다. 비록 작은 습관이지만 그 습관이 반복되는 과정에서 만들어지는 결과는 크게 달라진다. 예컨대 처음 출발선에서는 비슷비슷했던 사람들이 10년, 20년 후에는 완전히 다른 모습이 되어 있다. 누구는 대업(大業)을 이루었는가 하면 누구는 여전히 제자리걸음을 하고 있다. 누군가는 도움을 주는 입장이 되었는데 누군가는 도움을 받는 신세가 되어 있다. 누군가는 발전한 모습이지만 누군가는 자신조차 책임지지 못하는 상황이 되어 있다.

　이렇듯 흔히 잘 나가는 사람들과 그렇지 않은 사람들 간에는 어떤 차이가 있을까. '운'으로 생각할 수도 있다. 하지만 운은 인간의 영역이 아니다. 행운을 가져다주는 여신의 영역일 뿐이다. 여신이 운을 가져다주면 감지덕지한 일이고 주지 않으면 도리가 없다. 노력의 차이로 생각할 수도 있다. 그러나 노력의 차이만으로 생각하기에는 뭔가 좀 부족하다. 노력 역시 보통의 사람들이라면 정도의 차이가 있을 뿐 누구나 노력한다는 점에서다.

　습관의 차이라면 어떨까. 그렇다. 바로 좋은 습관과 노력이 서로 결합되었을 때 좋은 결과를 가져온다. 여기에 행운이 더해지면 금상첨화가 된다. 일상의 예를 들어보자. 행운을 차지한 사람들은 성취를 위해 열심히 노력한 사람들이다. 생활 속에서는 늘 긍정적인 생각을 한다. 상대와 생각이 달라도 그 차이를 배제하려 하지 않는다. 뿐만 아니라, 다름에서 새로운 가치를 창조하려는 다양한 시도도 한다. 좋은 결과를 만들어냈을 때 서로 다르지만 귀중한 삶의 의미를 함께 창조해 냈음을 깨닫는다.

　단순히 노력한 사람이 좋은 결과를 얻지 못했을 때의 차이는 여기서 나온다. 습관의 파급효과인 셈이다. 문제는 생활 속에서 좋지 못한 습관을 어떻게 좋은 습관으로 변화시키느냐다. 하나의 행동이 습관화되기 위해서는 많은 시간과 노력이 필요하기 때문이다. 건설현장에서 자신의 생명을 지켜주는 안전모를 착용하는 습관을 들이는데도 1년 이상이 걸린다.

　운동선수가 잘못된 습관을 교정하는데도 많은 시간이 걸린다. 이미 습관화된 부정적인 행동은 교정하기가 더더욱 어렵다. 『반복의 심리학』을 쓴 테니스 홀리는 이런 사실을 자신의 사례를 들어 고백한다. "반복되는 습관 하나가 당신의 삶을 송두리째 무너뜨릴 수 있다. 우리에겐 모두 끊고 싶지만 그러지 못하는 부정적인 습관들이 있다. 삶에서 자꾸만 반복되는 부정적인 습관은 모두 병적인 것들이다."

때를 놓쳤다고 생각할 때

인류의 진보 뒤에는 일부 고독한 개개인의 마음속에서 성장하는 창조의 힘이 있다. 바로 남들이 잠잘 동안에도 꿈으로 깨어있는 자들의 힘이다.　- 크로포드 H. 그린월트 -

"이미 너무 늦어 버렸다고 생각될 때, 사실은 그때가 새로 시작해야 할 시점이라는 말, 살면서 더욱 실감하게 되는 진리이다." 김혜윤 수녀의 '생손앓이' 중에 나오는 말이다. 일에는 흔히 때가 있다고 말한다. 완전히 틀린 말은 아니다. 세상일에는 때를 놓치면 일을 그르치는 경우가 많다.

그렇다고 다 맞는 말도 아니다. 때를 놓쳤어도 다시 시작할 수 있다. 만회할 수 있는 기회도 얼마든지 있다. 때가 있다고 믿어도, 때를 놓쳤다고 생각해도 적절하게 자기발전의 약으로 활용하면 된다. 자신의 의지를 믿으면 가능한 일이다. 때가 있다는 말은 일종의 '비합리적 신념'일수도 있기 때문이다.

많은 사람들은 "젊은 때가 좋았지." "배우는 것도 다 때가 있는 거야"란 말을 자주 한다. 그렇다면 그 '때'라는 것이 과연 정해진 시간이며 움직일 수 없는 시간일까. 그렇지 않다. 그것은 통념일 뿐이다. 자신의 의지에 따라 얼마든지 달라질 수 있다. 만학도들이나 뒤늦게 인간 승리를 일궈낸 사람들은 좋은 사례다. 성장에는 시간이 필요하다. 정원사처럼 지켜보는 사람만이 꽃을 볼 수 있다. 짧은 시간에 이룬 것은 빨리 사라지고 만다. 자기 자신에 인내하는 사람만이, 즉 기다릴 수 있는 사람만이 성장의 열매를 얻을 수 있다.

때라는 것이 결코 하고자 하는 의지의 방해물이 될 수는 없다. 자신에 대한 확신과 믿음이 중요하다. 자신의 의지대로 내면을 바라보면서 묵묵히 걸어가면 된다. 때론 힘들고 지치기도 하지만 그때마다 크게 심호흡을 하면 된다. 그래도 힘들다면 하루 이틀 무념무상(無念無想)의 태도로 모든 생각을 잠시 내려놓아도 좋다.

중요한 것은 스스로 극복해야 한다는 셈이다. 자신을 이기지 못하면서 세상을 이긴 사람은 없다. 자신을 이기는 것이 세상을 이기는 것이다. 동서고금의 성현들이 그랬고 오늘을 사는 보통의 사람들도 그렇다. 우리 주변에서 평범한 삶을 사는 사람들처럼 보여도 이들 역시 자신을 이긴 사람들이 수없이 많다.

한두 번 실패했다고, 또 때를 놓쳤다고 크게 낙담하지 말자. 툴툴 털고 일어나 다시 새로운 도전을 준비하면 된다. 인생을 길게 보면 좀 늦게 가도, 한두 번쯤 넘어져도 괜찮다. 모든 것이 때가 있다는 말, 다 때가 있다는 강변, 이런 말들은 모두 '비합리적 신념'으로 여겨보자. 그래서 마음을 다잡고 다시 시작해보자.

우물 안의 세상, 우물 밖의 세상
우리의 인생은 우리의 생각이 만드는 것이다.　　- 제임스 엘런 -

"국내 청년 모아다가/ 교육계에 넣어두고/ 각종 학문 교수허여/ 인재 양성하는 것도/ 우리 장부의 할일이요/ 천리 준총 바삐 몰아/ 칠 척 장검 손에 들고/ 백만 대병 진퇴 헐 제/ 통일천하 허는 것도/ 장부의 사업이라." 판소리 단가에 나오는 '장부가'의 한 대목이다. 마땅히 장부라면 뜻을 크게 지녀야 한다는 내용이다.

시야를 넓힌다는 것은 보는 범위를 넓힌다는 의미다. 다른 사람들이 보지 못하는 범위까지 볼 수 있는 능력을 키우는 것이다. 시야는 단순히 보는 것만을 의미하지는 않는다. 생각의 범위도 포함한다. 시야가 좁은 사람과 넓은 사람은 생각의 깊이도 다르다. 시야가 넓은 사람은 생각의 폭은 물론 깊이도 깊다. 이런 사람들은 사물의 이치나 사회적 현상을 꽤 뚫어

볼 수 있는 능력이 뛰어나다.

　시야의 폭에 따라 행동특성도 달라진다. '우물 안의 개구리'와 '우물 밖의 개구리'를 생각해보라. 시야가 좁은 사람은 우물 안의 개구리처럼 좁은 범위밖에 볼 수 없다. 인간관계나 정치적인 문제에서 서로 타협하지 못하는 것도 시야가 좁기 때문이다. 시야가 넓은 사람은 세계까지 볼 수도 있다. 사람을 대하는 태도나 이해의 깊이도 깊다. 시야의 차이는 이렇듯 행동양식과 사고의 차이로 이어진다.

　자기 자신 밖에 보지 못하는 사람은 시야가 가장 좁은 경우다. 이들의 가장 큰 특징은 모든 사고와 판단을 자기중심적으로 한다는 것이다. 상대방의 처지나 입장을 전혀 고려하지 않는다. 오직 자신의 입장과 생각만이 중요할 뿐이다. 신맛이 나는 포도는 남에게 주고 달콤한 체리만 따먹는 '체리피커(cherry picker)'처럼 행동한다. 이런 사람들은 세상이 자신을 중심으로 돌아간다고 착각한다. 지구를 중심으로 천체가 움직인다고 생각했던 중세식의 행동양식을 그대로 나타낸다.

　자신을 넘어 주변까지 돌아볼 수 있는 시야를 지닌 경우도 있다. 지역사회를 위해 봉사하거나 헌신하는 경우는 좋은 사례다. 이들은 이웃까지 돌아볼 수 있는 아름다운 사람들이다. 주변을 돌아볼 수 있는 사람들이 많아질수록 사회는 더욱 살만해진다. 재해나 주변에 어려움이 생겼을 때 너나 할 것 없이 나서 돕는 것은 바로 우리 주변을 돌아볼 수 있는 시야를 갖고 있기 때문이다.

　세계적 범위까지 보는 사람들도 있다. 지구촌을 무대로 재난구호를 하거나, 빈곤문제 등을 해결하기 위해 노력하는 사람들이 그런 경우다. 이들은 인류의 보편적인 가치실현을 위해 노력하고 실천한다. 청소년 시절부터 세계를 무대로 일을 하겠다는 생각을 키워왔던 사람들이다. 세계를 보는 넓은 시야가 그렇게 만들었다.

자신 밖에 모르는 시야를 가질 것인가. 세계를 볼 수 있는, 나아가 보이지 않는 부분까지 볼 수 있는 넓은 시야를 가질 것인가. 선택은 바로 자신들의 몫이다. 우물 안에 앉아 에너지를 소모적인 것, 쾌락적인 것, 말초적인 것에 소모하지 말고 이웃을 위해, 국가를 위해, 세계를 위해, 인류발전을 위해 고민해 보면 어떻겠는가.

평정

깊은 바다에는 파도가 없으며 늘 고요하고 잔잔하다.
마음의 평정도 마찬가지로 고요함을 유지하는 것이다.
평정은 무감각하거나, 냉정한 마음상태가 아니며
마음이 텅 비어있는 상태도 아니다.
평정이란 단지 입을 닫고 침묵하고 있는 것이 아니라
마음이 들뜨지 않고 태도에 여유가 있는 것이다.
날마다 끊임없이 떠들어대거나
전쟁터에서 격렬하게 싸우거나
바쁜 일로 부지런히 움직이더라도
평정이 깨지는 것은 아니다.
왜냐하면 마음이 가라앉아 있기 때문이다.
평정한 사람은 중심이 있는 사람이다.
마음에 고요한 평정을 유지하라.

원망이나 분노가 치밀어 오를 때
변명이나 주장을 하고 싶을 때
기쁨이나 놀람으로 마음이 흔들릴 때
평정을 유지하기란 결코 쉽지가 않다.

삶이란 곳곳에 고통이란 지뢰가 숨어 있다.
욕망, 증오, 자만, 잘못된 견해가 고통이란 지뢰의 뇌관이다.
뇌관을 제거하면 폭발하지 않는 지뢰처럼
이것들을 제거하면 삶은 한결 편안해질 것이다.
구겨진 종이에 그림을 그릴 수 없듯이
마음이 평정해야 일에 대하여 예리하게 판단할 수 있다.
그대의 마음상태가 평정을 유지할수록
행복하고 즐거운 삶을 누릴 가능성은 더욱 커진다.

마음의 평정을 유지하기 위해서는
어떤 문제를 만나면 인생 전체의 시각으로 보아야 한다.
단편적이 아니라 전체적으로 문제를 보아야 한다.
그러면 그대가 직면하고 있는 문제는
심각한 것이 아니라 삶의 한 과정임을 깨닫게 될 것이다.
가장 큰 행복과 가장 큰 불행에도 동요하지 말라.
오히려 그 행복과 불행에 초연하여 경탄을 야기하라.

"
지혜는 경험에서 오는 것이 아니라
경험에 대해 생각하고
그것을 자기 것으로 흡수하는 것에서 온다.
"

제2부

지혜와 겸손

재능이 칼이라면 겸손은 칼집

겸손은 모든 미덕 중 가장 이루기 힘든 것이다.
자신이 좋게 생각하는 욕망만큼 잠재우기 어려운 욕망은 없기 때문이다.   - T. S 엘리엇 -

요즘 세상에 겸손을 말하면 좀 생뚱맞다는 생각을 할지도 모른다. 세상은 이미 개성화된 지 오래고 스스로를 높이지 않으면 대접받기 어렵다고 말한다. 그러나 세상이 각박하고 까칠해 질수록 인간의 본성 안에 있는 따뜻함이나 정(精)이 그리워지는 것은 인지상정이다.

사람은 누구나 겸손하고 예의 바른 사람을 좋아한다. 예의는 인간이 지켜야 할 도리이지만 겸손이라는 인격의 그릇에 담겨있을 때 더욱 빛이 난다.

스코틀랜드 작가 제임스 M 배리는 "인생이란 겸손을 배우는 긴 여정이다. 겸손은 자신을 낮추는 것이 아니라 자신을 세우는 것이다. 진정으로 용기 있는 사람만이 겸손할 수 있다"라고 말했다.

겸손이란 인생에서 성공하기 위한 열쇠이다. 항상 자기가 설 곳보다 낮은 곳을 택하는 것이다. 타인으로부터 내려가라는 소리를 듣는 것이 아니라 올라가라는 말을 듣게 한다. 겸손은 스스로 높아지려고 해서 높아지는 것이 아니다. 신은 자기 스스로 높은 곳에 앉은 사람을 밀어내고 겸손한 사람을 부축해 올린다. 인간이 신 앞에 겸손해질수록 귀하게 여겨진다. 진정한 겸손은 자신보다 작아질 때까지 굴복하는 것이 아니다. 자신에게 있는 가장 큰 위대함에 실재하는 빈약함이 무엇인지 보여줄, 보다 높은 어떤 힘에 대항하여 자신의 모습 그대로 서 있는 것, 그것이 진정한 겸손이다.

'중요한 사람인 척하지 말고 정말로 중요한 사람이 되라'는 말이 있다. 어떤 사람은 자신이 중요한 일을 하는 것처럼 보이려고 한다. 하지만 과시는 행동으로 만족하고 그것에 대한 이야기는 남들에게 맡겨라. 재능이 칼이라면 겸손은 칼집이다. 당연한 얘기지만, 현명한 사람은 겸손한 태도를 견지한다. 물이 바다로 모이는 것은 바다가 낮은 곳에 있으며 모든 것을 수용할 수 있는 용량이 있기 때문이다. 물이 불의 사나움을 누그러뜨리듯이 겸손은 화를 누그러뜨린다.

세상의 변화 때문이리라. 갈수록 겸손한 사람을 찾아보기 어려운 세상이다. 사람들은 어떻게든 자신을 돋보이게 만들어야 하고 남들보다 비교 우위에 있어야 한다고 생각한다. 이것이 세상살이의 당연한 모습이자 많은 사람들이 그래야 된다고 여긴다. 이런 인식의 바탕에는 경쟁에서 한 발 더 앞서 가야 한다는 조바심 때문이기도 하다. 이런 조바심을 탓할 수는 없다. 세상은 겸손의 덕목만을 요구하지 않기 때문이다. 때론 실력을 요구하고 능력을 보여 달라는 주문을 한다. 그것이 현대사회다.

이런 분위기 속에서 겸손의 덕을 행하기는 어렵다. 자신의 능력을 과시하고 보여 주지만 살아남을 수 있는 환경에서 겸손을 실천하기란 말처럼 쉽지 않다는 것이다. 스포츠 매니저와 스타 간의 관계를 그린 영화가 있다. 주인공은 전도유망한 운동선수다. 그가 시종일관 입에 달고 사는 말은 "나는 돈 밖에 몰라(show me the money)"라는 말이다. 어디를 가든 이 말을 습관처럼 하고 다닌다. 이런 살벌함 속에서 겸손과 겸양의 미덕을 보여주기는 어려울 것이다.

돈도 명예도 중요하다. 불편한 진실이지만, 현실적으로 돈과 명예가 가장 우선한다. 여기에 겸손을 말한다면 세상 물정을 몰라도 한참 모르는 경우가 될 수도 있다. 또한 사람들도 겸손은 후순위로 생각하는 것을 당연하게 받아들인다. 요즘이 어떤 세상인데 겸손을 말하느냐 라고 핀잔을 주는 사람들도 있다. 겸손을 내세웠다가는 제 앞가림도 하기 어려울 것이라는 말도 서슴없이 한다. 하지만 그렇지 않다. 겸손이 손해라고 생각해서는 안 된다. 겸손이야말로 인간을 가장 인간답게 만드는 덕목 중의 덕목이기 때문이다.

'자기객관화'가 필요하다

하늘의 아름다움을 보는 것은 눈이 아니다. 음악의 감미로움이나 기쁜 소식을 듣는 것은 귀가 아니다.
바로 모든 흥미를 이해하는 영혼이다.   - 제레미 테일러 -

　인간은 여행을 통해 많은 것을 배운다. 자연을 접하고 자연을 통해 삶의 의미를 깨닫는다. 또한 자연의 웅장함과 그 섭리를 통해 인생의 이치를 깨닫고 행로를 결정지을 수 있는 영감을 얻기도 한다. 그래서 자연은 인간의 영원한 스승이라고도 한다. 역사의 경우도 그렇다. 우리는 인류 역사를 통해 지혜를 얻는다. 인류가 만들어 놓은 정신적, 문화적 유산을 통해 세상을 배우는 것은 자연스러운 일이다. 자연과 역사가 우리에게 주는 위대함이다.
　안데르센은 '여행은 정신이 다시 젊어지는 샘'이라고 했다. 수필가 안병욱은 '생활이 인생의 산문이라면 여행은 인생의 시'라고 말했다. 여행은 자연과 역사에 대해 겸허함을 배우고 세상을 살아가는 지혜를 터득할 수 있는 좋은 기회란 것이다. 지구상에는 하루 약 300만 명에 이르는 관광객들이 발걸음을 재촉한다. 전 세계를 무대로 '신유목민'이란 이름으로 공간적 이동을 한다.

이런 이동은 그 자체가 자신을 객관화시켜가는 사회문화적 활동, 즉 '자기객관화'를 위한 활동이다. 특히 교육적 의미를 함의하고 있다. 여행을 통해 자신을 돌아보게 되면서 스스로를 객관적으로 보게 된다는 것이다. 실제로 많은 사람들은 예로부터 여행을 자신을 깨우치기 위한 수행의 하나로 인식해 왔다. 동서양을 막론하고 많은 사람들이 여행을 했던 것은 다름 아닌 자신을 찾아가는 여정이었다.

하지만 우리는 어떤가. 정말 많은 견문을 통해 지혜를 얻고 있는가. 자기객관화라는 면에서는 부족한 부분이 많다. 모두 목소리가 크다. 합리적, 이성적으로 판단하기보다는 감정적으로 판단하기를 좋아한다. 이런 현상은 자기객관화의 부족에서 오는 문제다. 이런 문제점들은 우리 사회 여러 분야에서 감지된다. 나는 옳고 너는 그르다는 인식도 그런 경우다. 모두가 같은 배를 타고 있는 공동체임에도 '너 죽고 나 살자'는 식으로 나온다.

그래서일까. 우리 사회는 유난히 대화와 타협이 어렵다고 말한다. 사안이 복잡하고 어려울수록 머리를 맞대야 함에도 그렇지 못한 것이 우리의 자화상이다. 자기객관화란 줄여 말하면, 상대를 통해 나를 비추어보는 태도다. 이는 곧 상생의 태도로 복잡한 현실 속에서도 스스로 인정받을 수 있는 보편적인 덕목이다. 너나 할 것 없이 자신을 객관화시킬 필요가 있다. 지금이라도 자기객관화의 여행을 떠나 보자.

삶의 상수, 중수, 하수

성공하는 사람이 되고자 하기보다는 가치 있는 사람이 되고자 노력해야한다.　　－알버트 아인슈타인－

　주어진 삶을 어떻게 사느냐의 문제는 개인의 가치관에 따라 달라질 수 있다. 어떤 가치에 방점을 두느냐에 따라 삶의 내용과 색깔에 차이가 난다. 경제적인 문제에 중요성을 두는 사람도 있다. 예술 활동에 더 가치를 부여하는 사람도 있다. 자신의 건강과 취미생활에 더 많은 시간과 돈을 투자하는 사람도 있다. 각자가 의미 있을 것으로 판단되는 방식으로 삶을 영위할 것이다. 이런 각각의 방식을 평가하기는 어렵다. 하지만 필자는 종종 삶의 방식을 상수, 중수, 하수 등 세 부류의 방식으로 구분한다.

　'상수'는 늘 보시를 실천하는 사람들이다. 특별히 부유하거나 넉넉해서가 아니다. 가진 것이 없어도 베푼다. 보통은 있어야 베푼다고 생각하지만 이들은 불가에서 말하듯 무재칠시(無財七施)의 마음으로 보시한다. 무재

칠시란 가진 것은 없어도 마음으로 보시하는 것을 말한다. 누가 시켜서 하는 것이 아니다. 자신을 과시하거나 숨겨진 목적을 위해 베푸는 것은 더욱 아니다. 대가나 보상을 기대하는 것도 아니다. 베푸는 자체를 생활 속에서 즐겁게 행하는 사람들이다. 이들은 왼손이 하는 일을 오른손이 모르게 한다.

'중수'는 근면 성실한 보통 사람들이다. 이들은 자신의 일에 최선을 다하며 열심히 생활한다. 하지만 보시를 크게 생각하지 않는다는 점에서 상수와 차이가 있다. 자신을 위해, 가족을 위해 성실하게 노력하지만 주변과 이웃에 대한 나눔, 연민, 아픔 등에 대해서는 별 관심이 없다. 애써 고개를 돌리는 경우도 많다. 이런 점에서 상수의 삶과는 다른 특성을 보인다.

'하수'는 주변에 민폐를 끼치는 사람들이다. 이들은 삶에 대한 철학 없이 부초처럼 부유(浮游)하며 생활한다. 삶에 대한 진지한 성찰이나 반성을 찾아보기 어렵다. 이들의 생활은 계획도, 미래에 대한 설계도 없다. 주어지는 대로 하루하루를 넘기면 그만이다. 그런 이유겠지만 금전적 여유가 생기면 순식간에 소비하고 만다. 당장 소비하는 것이 최선이고 남는 것이라고 생각한다. 이를 생산적으로 활용하거나 부가가치를 창출하겠다는 부분까지는 생각이 미치지 못한다.

상수, 중수, 하수로 삶의 방식을 구분한 것은 단순한 현상적 모습만을 말하고자 함이 아니다. 우리의 삶에서 철학이 얼마나 중요한지를 강조하려는 의도다. 기실, 중수나 하수의 모습은 주변에서 흔히 볼 수 있는 보통의 모습들이다. 하지만 상수의 경우는 분명 다르지 않은가. 이들이 재물이 많아서, 경제적으로 윤택해서 보시를 즐겨하고 주변을 돌아보던가. 이런 철학의 문제가 상수, 중수, 하수, 즉 삶의 격을 결정한다는 것이다.

사례는 또 있다. 우루과이 호세 무히카 대통령과 간디의 경우다. 이들의 삶 역시 상수 중의 상수에 속하는 삶을 살았다. 무히카는 임기를 마치고 80세의 나이로 대통령 궁을 나섰다. 이때 수도 몬테비데오 외곽에 위치한 허름한 집으로 돌아온 무히카에게 수많은 국내외 기자들이 몰려들었다. 이유가 있었다. 그가 대통령 재직 시에 보여준 삶의 방식 때문이었다.

그는 대통령궁의 일부를 노숙자들에게 개방했고 월급의 90%를 사회단체나 주변에 보시했다. 이런 모습들을 보고 BBC는 "이 이상한 지도자는 많은 사람들에게 영감을 주고 정치인도 존경을 받을 수 있는 직업이란 사실을 일깨워줬다"라고 보도했다. 프란치스코 교황은 무히카를 '현자(賢者)'라고 칭송했고, 후안 카를로스 스페인 전 국왕은 남아프리카 공화국의 만델라에 비교했다.

간디도 전형적인 상수의 삶을 살았다. 그는 인도와 인도인들을 위해 끊임없이 자신을 보시했다. 간디의 삶은 그 스스로가 밝혔듯이 '절제'를 인생의 가장 중요한 철학적 덕목으로 삼고 이를 실천적으로 보여주는 삶을 살았다. 모두 자기절제를 기반으로 상수의 삶을 보여준 사례들이다.

자신을 부끄럽게 만드는 교만
모든 미덕 중에서도 관용이 가장 귀한 것이다.　- 윌리엄 해즐릿 -

　교만함이 어리석은 이유는 무엇일까. 교만한 자는 자신을 과대평가하기 때문이다. 우리가 잘 아는 유명 극작가 버나드 쇼는 어느 날 잘난 척하는 상류층 젊은이로부터 질문을 받았다. "선생님, 당신의 부친이 양복쟁이였다는 것이 사실입니까?" 버나드 쇼가 대답했다. "그렇습니다." 그는 다시 우쭐대며 말했다. "그렇다면 잘 이해가 되지 않는군요. 왜 당신은 양복쟁이가 되지 않고 극작가가 되었습니까?"

　그러자 버나드 쇼는 다시 젊은이를 보며 이렇게 물었다. "젊은이, 당신의 부친이 신사였다는 것이 정말 사실인가요?" "아, 물론이죠." 버나드 쇼는 이어서 말했다. "그렇다면 나도 이해가 잘 가지 않는군요. 어째서 당신은 당신의 아버지처럼 신사가 되지 못했나요."

원래 교만이란 불교에서 비롯된 말이다. 교만할 '교(驕)'자에 게으를 '만(慢)'자가 결합된 것이다. 거만하면서도 일은 게을리 한다는 의미다. 이는 산스크리트어의 마나(Mana)를 번역한 것이다. 이런 교만과 거만이 '업(業)'을 일으키게 되고 그것 때문에 인간은 미혹에 빠진다는 것이다.

교만하면 가장 먼저 떠오르는 인물이 있다. '옥야(玉耶)'라는 인물이다. 그녀는 어릴 때부터 교만하고 버릇이 없었다. 시집을 갔으나 자신의 친가가 부호라는 점과 스스로의 미모로 자신감이 넘쳐 시댁에서 며느리로서의 예의를 지키지 않았다. 사사건건 말썽을 일으키고 남편은 물론 시부모까지 무시하기 일쑤였다. 이런 옥야가 부처의 가르침을 듣고 개과천선하여 어진 아내가 되었다.

교만은 성경에서도 가장 큰 죄악으로 여긴다. 하나님의 은혜와 도움을 부인하는 최고의 범죄로 교만한 자는 반드시 단죄한다는 것이다. 우리 일상에서도 '교만하면 언젠가는 큰코다치게 된다'든가. '교만한 사람 치고 성공하는 사람 없다'라는 말을 자주 한다. 모두 교만에 대한 경계를 이르는 말이다.

자신에 대한 긍지와 자부심이 지나치면 교만이 된다. 우월적 지위에 있는 사람들이 자신을 과시하고 상대방을 업신여기는 것도 교만이다. 종종 사회적 문제가 되는 갑질도 교만의 한 가지 유형이다. 하지만 이런 교만과 자만은 오히려 자신의 인격을 의심하게 만든다.

'벼는 익을수록 고개를 숙이는 법'이다. 극작가 버나드 쇼를 무시했던 젊은 청년이나 며느리 옥야의 사례는 교만하여 결국 자신을 부끄럽게 만든 경우들이다. 세상사에서 교만해서 얻을 것은 하나도 없다. 지혜로운 사람은 교만하지 않은 겸손한 사람이다. 젊다고 교만하지 말고 아름답다고 교만하지 말라. 잘 낫다고 교만하지 말고 돈 많다고 교만하지 말라. 좋은 차타며 좋은 집에 산다고 교만하지 말라. 교만은 교만을 낳고 그 교만은 다시 교만한 자신을 망칠 뿐이다.

공동체를 사막화시키는 불신
서로간에 신뢰와 존중이 없다면 그 공동체는 파괴될 것이다.　　－에드윈 너머 －

　고대의 올림픽에서도 속임수가 판을 쳤다. 선수들은 출전자격에 대해 거짓말을 했고 경기는 조작되었으며 심판은 매수되었다. 부정행위가 적발될 경우 제우스 동상 건립 특별기금을 벌금으로 내야 했다. 상황이 이렇다 보니 말기에 이르러 그리스는 온통 제우스 동상으로 넘쳐날 정도였다.
　중국의 과거시험에서도 속임수가 만연했다. 응시자들은 미리 작성해 둔 모범 답안지를 옷 속에 숨기고 시험장에 들어갔다. 오늘날 학생들이 부정행위를 하는 모습과 크게 다르지 않았다. 미국의 경우도 예외는 아니다. 미국의 사회학자 로버트 머턴(Robert Merton)은 미국 사회에 만연되어 있는 속임수 문화를 개탄했다. 그의 표현을 그대로 빌리면 "미국인들은 아침에 출근하면서 도덕은 집에 내려놓고 나온다"고 했다.

우리도 이런 상황에서 자유롭지 못하다. 지성의 전당으로 일컫는 대학가에서 부정행위는 흔하게 발생한다. 이런 일들이 발생하는 것은 특정 분야에만 국한되는 현상은 아니다. 사회 곳곳에서 전방위적으로 발생한다. 치팅컬쳐의 문제는 단순히 그 자체의 문제로만 끝나지 않는다. 가장 큰 문제는 사회적 불신을 불러온다는 점이다.

사회적 불신은 공동체의 연대를 어렵게 하고 공동체의 사막화를 가속화시킨다. 결국 공동체는 붕괴시키고 오직 믿을 수 있는 것은 자신과 혈연, 지연, 학연 등 특수한 관계를 맺고 있는 경우로만 생각하게 된다. 이뿐만이 아니다. 속임수가 만연하게 되면 '다들 그렇게 한다'는 인식이 팽배해진다. 진정한 규칙보다 명목상의 규칙에 따라 움직일 경우 사회 전체가 흔들릴 수밖에 없다. 거짓과 편법을 부추기는 문화는 수단과 방법을 가리지 않고 '자신의 이익만 챙기면 그만이라는 생각(whatever it takes)'을 낳게 한다.

이 같은 최악의 결과를 막는 방법은 신뢰를 회복하는 것 밖에 없다. 구성원들 간의 신뢰가 우리 사회와 모두를 지켜 줄 것이라는 믿음, 내가 위기에 처했을 때 공동체가 구해줄 것이라는 믿음을 갖도록 하는 것이다. 이는 말만을 앞세워서 이뤄질 수 있는 것이 아니다. 각각의 사회 구성원들은 물론 사회의 시스템이 신뢰에 기반하여 기능해야 가능한 일이다. 개인의 마인드와 전체의 시스템이 조화롭게 상호 소통하는 것이 중요한 문제다.

상식론으로 판단하기

판단력을 갖춘 사람과 교제하라. 판단력은 대화에서 발견 되는 것이며, 그와의 교제를 통해 그의 판단력을
우리의 것으로 만들 수 있기 때문이다.　　– 토머스 풀러 –

　길을 가다 걸인을 만난다. 적선을 해야 하나 말아야 하나, 적선을 하면 걸인의 자활의지를 더 약화시킬 것 같다. 하지 않으면 왠지 마음이 불편하다. 불편한 마음도 잠시, 이건 사회의 구조적인 문제가 아닌가. 정부나 당국이 복지정책으로 해결해야 할 문제가 아닌가. 그렇다면 적선보다는 피켓팅이나 구호를 외치며 직접 거리나 광장으로 나가는 것이 효과적이지 않을까. 아니지, 일단 쉼터로 보내는 것이 훨씬 나을 수도 있지.

　북한의 식량문제가 심상치 않다는데, 인도적 지원을 해야 하나 말아야 하나, 인도적 지원이 당연하다는 생각을 하니 그동안 북한의 소행이 괘씸하다. 경제적 지원의 대가가 무력 시위로 돌아오질 않나, 끊임없이 어깃장을 놓질 않나, 이거 전부 밑 빠진 독에 물 붓기 아닌가, 그렇다면 북한의 태도를 고치기 위해서라도 상호호혜주의 원칙을 고수해야 하지 않을까.

이런 문제들은 일상생활 속에서 누구나 접할 수 있는 작은 고민들이다. 필자도 예외는 아니다. 하지만 필자의 경우 이런 문제들은 간단히 상식론으로 해결한다. 걸인의 문제를 개인의 문제니, 사회구조의 문제니 크게 고민하지 않는다. 그에게 가장 시급한 배고픔을 해결하는 데 도움을 주면 된다. 그것이 상식이다. 대북문제에 이념을 끌어들일 필요가 없다. 동포가 당장 굶어 죽는데 살려 놓고 봐야 되지 않겠는가.

이런 상식론을 터득하기까지는 꽤 시간이 걸릴 수 있다. 지나칠 정도로 문제를 확대시켜 고민하기 때문이다. 예컨대 걸인의 자활의지를 걱정할 필요까지는 없다. 우선 따뜻한 커피 한 잔을 건네는 정도면 된다. 최선의 방법은 당장 내가 할 수 있는 작은 일을 선행하는 것이 최선이다. 북한 문제도, 교육문제도 마찬가지다. 일상에서 상식은 훌륭한 판단의 준거가 될 수 있다. 때론 이념, 규칙을 뛰어넘을 수 있는 좋은 가치로 기능한다.

굶주린 사람에게 동전 몇 닢은 허기를 매워 줄 수 있는 한 끼의 식량이 될 수 있다. 북한 동포들에게 남한의 인도적 지원은 희망의 끈이 된다. 잘못한 학생에게 교사의 용서와 관용을 담은 말 한마디는 그 자체가 훌륭한 교훈이고 교육이다. 상식은 바로 이런 것이다. 너무 간단하지 않은가. 판단이 어려운 문제는 간단히 상식과 비상식의 문제로 풀면 된다.

밥상머리는 '휘게' 문화의 시발점

문화는 한 세대 안에서 일어나는 예술과 사랑, 생각의 집합체이다.
그리고 인간은 문화로 인해 보다 독립적이 될 수 있다.   - 앙드레 말로 -

밥상머리는 사회문화적인 의미가 크다. 어느 나라, 어느 민족을 막론하고 가족 공동체가 가장 일차적으로 만나는 곳이 식사 자리, 즉 밥상머리이기 때문이다. 이런 밥상머리를 통해 문화의 전달은 물론 감정의 교류에 이르기까지 다양한 소통이 이루어진다. 이런 점에서 밥상머리는 단순한 식사자리 이상의 의미를 갖는다. 특히 밥상머리는 집에 대한 소속감과 밀접한 관련성을 가진다. 집이 불편하고 소통이 되지 않는다면 밥상머리가 불편할 수밖에 없다.

국민들의 행복도가 가장 높은 덴마크의 경우를 보자. 덴마크에는 '휘게' 문화가 있다. 휘게는 사랑하는 가족이나 가까운 친구들이 모여 양초를 밝히고 식사를 하거나 맥주를 마시는 등 화기애애하게 시간을 보내는 것을 말한다. 덴마크 사람들의 삶에 대한 태도와 방식을 엿볼 수 있다. 식탁에 둘러 앉아 식사를 즐기며 담소하는 모습을 생각해 보면 쉽게 이해할 수 있다.

『덴마크 사람들처럼』의 저자 말레네 뤼달에 의하면, 휘게는 1973년 세계 여러 나라를 대상으로 행복도 조사를 한 이래 덴마크가 늘 선두를 차지한 비결 가운데 하나라고 말한다. 이는 복지 시스템의 문제라기보다는 덴마크 사람들이 그들의 내면에서 행복을 찾으려하기 때문이라는 진단이다. 이런 휘게 문화는 개인적인 차원에만 그치는 것은 아니다. 뤼달은 공동체와 국가 차원으로까지 적용된다고 말한다. 휘게를 느낄 수 있는 넓은 의미의 집에 대한 소속감은 자기의 주변과 공동체, 나아가 국가로까지 이어진다. 이 정도면 밥상머리에서부터 국가 공동체에 이르기까지 그 공간적 범위가 확장된다는 것을 알 수 있다.

우리사회에서도 밥상머리의 중요성을 강조한다. 그 중요성이 구체적으로 나타난 것이 밥상머리 교육이다. 요즈음 아이들이 옛날 같지 않다느니, 자신만 안다느니 하는 이야기들이 나오면 밥상머리 교육이 사라져서 그렇다는 진단을 내리기도 한다. 밥상머리 교육을 강조하는 책자들도 쏟아져 나온다. 밥상머리 교육의 교육적 가치가 크다는 방증이다.

하지만 밥상머리 교육이 제대로 이루어지기 위해서는 과거와는 달리 좀 더 새롭게 진화되어야 한다. 옛날식의 밥상머리 교육으로는 안 된다. 교육적으로 좀 더 진화된 형태, 즉 시대에 걸 맞는 '신(新) 밥상머리 교육'이 되어야 한다. 덴마크의 경우처럼 식구들이 둘러앉아 화기애애한 식사가 이루어질 수 있도록 만들어야 한다.

'신 밥상머리 교육'은 과거와 같은 '밥상머리 교육'이 아닌 '밥상머리 대화'로 진화되어야 한다. 밥상머리 교육이 위력을 발휘하던 시대는 가부장적 질서가 지배하던 때였다. 조부모로부터 부모로, 부모는 다시 자식에게로 이어지는 위계질서가 크게 작용했다. 이런 질서 속에서 사회 범절에서부터 식사예절에 이르기까지 모든 것을 가르쳤다. 아이들은 그것을 그대로 받드는 것이 미덕이었고 최고의 범절이었다. 예컨대 어른이 훈계하고 아랫사람은 듣고 그대로 실천하는 것이 바로 밥상머리 교육의 핵심이었다. 과거의 밥상머리 교육이 권위에 기반을 둔 '수직적 교육'이었다면 '신 밥상머리 교육'은 수평적인 '밥상머리 대화'가 되어야 한다.

이제 과거와 달리 사회적 환경이 크게 바뀌었다. 이로 인해 조부모는 조부모대로, 부모는 부모대로 따로 생활하는 경우가 많다. 아이들은 아이들대로 바쁘게 생활한다. 각자의 상황에 따라 스스로 해결하는 경우도 많다. 겨우 주말이 되어야 식구들이 같이 앉아 식사를 하는 정도다. 현실적으로 그조차 어려운 경우도 있다. 그렇다고 밥상머리 교육이 그 본래적 효용성을 다한 것은 아니다.

문제는 앞서 지적했듯이, 밥상머리 교육의 수직성과 일방성이다. 과거의 밥상머리가 얼마나 고역이었던가. 끊임없이 이어지는 어른들의 훈계만 있었지 대화가 있었던가. 말대꾸에는 어김없이 불호령이 떨어지지 않았던가. 우리의 밥상머리도 진정한 휘게의 출발점으로 만들 필요가 있다. 강요와 지시가 아닌 생각을 공유하고 그것을 서로 확인하며 이를 통해 교육적인 효과를 거둘 수 있는 실천적 장으로 만들어야 한다.

밥상머리는 단지 밥을 같이 먹는다는 의미 이상이다. 먹을 것을 함께 나누는 과정을 통해 중요한 래포(rapport), 즉 공감대를 형성하게 된다. 이를 바탕으로 가족 공동체라는 사실을 서로 간에 확인하고 가족의 가치를 인식하는 자리다. 우리도 밥상머리를 진정한 '휘게' 문화의 시발점으로 만들어야 한다.

멋진 자신을 만들어라

꿈은 순수한 상상이며 창의적인 활동이다.
깨어있는 동안 꿈을 꿀 수 있었더라면 모두가 단테나 셰익스피어 같은 위대한 문인이 되었을 것이다.
- 롱스턴 휴스 -

한 개인의 자아실현은 오늘날 평생학습 사회에서도 중요한 요소가 된다. 유네스코(UNESCO, 1996)에 의하면 평생학습 사회에서는 '알기 위한 학습', '실천하기 위한 학습', '더불어 살기 위한 학습', '자아실현을 위한 학습'을 중요한 요소로 제시하고 있다.

경제협력기구(OECD)의 교육핵심 역량도 마찬가지다. 지속가능한 발전을 위한 새로운 학습체계를 위해 자아실현을 위한 학습을 강조하고 있다. 이런 사실은 무엇을 의미하는 것일까. 자아실현이 한 인간의 학습과정과 밀접한 관련성이 있음을 쉽게 알 수 있다. 자아실현, 인생설계, 정체성은 모두 한 개인의 삶과 밀접한 관련성을 가진다는 것이다.

인간은 자아실현의 과정을 통해 정체성이 만들어지기도 한다. 정체성이란 다른 사람들과 차별화할 수 있는 자신만의 고유한 특성이다. 한 개인의 정체성은 단시간에 형성되는 것이 아니다. 오랜 시간에 걸쳐 만들어진다. 한 집단 혹은 민족의 정체성이 그 시작점부터 오늘날에 이르는 과정을 통해 형성되는 것처럼 한 인간의 정체성은 태어남과 동시에 지금의 삶에 이르는 과정에서 자연스럽게 형성된다.

자아실현 이론으로 유명한 로저스에 의하면 이런 사실은 더욱 분명해진다. 자아실현은 계속 진행되는 것으로 완료되거나 어느 시점에서 종료되는 것이 아니라는 점, 자아실현의 과정은 어렵고 고통스럽다는 점, 자아실현은 진정한 자기 자신이 되는 것이란 점 때문이다. 나아가 자아실현을 성취한 사람들은 공통적으로 '경험에 대한 개방성', '실존적 삶', '자신에 대한 신념', '자유성', '창조성'이 나타난다고 보았다.

이뿐만이 아니다. 자아실현을 위한 인생설계는 중요한 의미를 지닌다. 인생설계는 생애주기에 따른 여러 요소들을 결합하여 최적화된 삶의 패턴을 유지해준다. 미래의 삶을 어떻게 살 것인지, 그 삶을 위해 현재 무엇을 준비하고 있어야 하는지, 삶에 임하는 태도는 어떠해야 하는지 등을 생각하는 것은 중요한 일이다. 특히 이런 과정에서 한 개인의 직업은 외적 자아실현의 대표적인 지표 역할을 한다. 한 부분 직업을 통해 그 사람의 정체성을 확인할 수 있기 때문이다.

예컨대 의사가 되어 질병으로 고통 받는 사람들을 치료해 주겠다는 꿈을 실현한다면 그것은 멋진 자아실현이다. 예술가가 되어 많은 사람들에게 예술적 감동을 선사할 수 있다면 이것도 훌륭한 자아실현이다. 훌륭한 교사가 되어 학생들을 잘 가르치겠다는 꿈을 이루었다면 이 역시 아름다운 자아실현이다. 우리는 바로 이런 사실들을 통해 자아실현, 인생설계, 정체성 등은 각각 독립적이면서도 하나의 동일한 몸체라는 사실을 알 수 있다. 즉, 자신의 삶에 대해 최선을 다할 때 그 삶은 그 자체로 아름다운 삶이 될 수 있다는 의미다.

예의는 곧 인격

자기 자신을 아는 사람은 더 이상 바보가 아니다. 그 사람은 지혜의 문 입구에 서있다. - 헤이브락 엘리스 -

꽤 붐비는 차 안에 대학생쯤으로 보이는 두 명의 남자가 올라탔다. 그 중 한 명이 앉자마자 창틀에 다리를 올렸다. 그러자 앞쪽에 앉아 있던 여성이 발을 내려줄 것을 요구했다. 그런데도 남자는 아랑곳하지 않고 있었다. 급기야 오가는 말이 거칠어졌고 남자에게서 육두문자(肉頭文字)가 튀어나오기 시작했다. 주변을 전혀 의식하지 않았고 당당했다. 그에게 이성적인 판단은 없었다.

한 수험생이 시작종과 함께 시험장에 들어왔다. 이미 시험이 시작되었는데도 감독관을 붙들고 진행을 방해했다. 이때 수험생 중 한 명이 나가줄 것을 요구했다. 그런데 잠시 후 문제의 학생이 시험장에 다시 들어와 퇴실을 요구했던 학생에게 욕설을 퍼부었다. 순식간에 벌어진 일이었다. 그녀 역시 이성적 판단은 없었다.

사람들이 더불어 사는 사회는 서로 지켜야 할 의무, 약속, 질서 등이 있다. 예절도 그 중 하나다. 예절이란 사람들이 서로 믿고 존중하는 것으로 사람을 구속하거나 제한하는 것이 아니라 오히려 서로를 자유롭게 하고 편안하게 하는 것이다. 예절이란 공동체 속에서 서로 약속해 놓은 생활방식이다. 예절을 사회 계약적 생활규범으로 부르는 것도 이런 이유다.

예절은 인간으로서의 자기관리와 사회인으로서의 대인관계를 원만히 하기 위해 반드시 필요한 규칙이다. 한 인간이 인간으로서 대접을 받는 것은 생활방식으로 약속해 놓은 예절을 지킬 때만 가능한 일이다. 실제로 인간관계에서 예의를 갖추면 대접을 받는다는 느낌을 갖게 된다. 반대로 예의를 갖추지 않았다고 생각이 되면 무시하는 것으로 이해하게 된다.

예의는 주로 언어나 행동으로 표현된다. 따라서 예의 바른 행동이나 언어를 익히는 것은 상당한 의미가 있다. 서구사회에서 매너를 중시하는 것도 같은 맥락이다. 우리가 늘 경험하듯, 매너가 좋은 사람은 아름답고 향기가 난다. 좋은 매너는 그 사람의 인격적 가치를 높여준다. 매너가 좋은 사람과 같이 있으면 항상 기분이 좋다. 마치 더운 여름날 시원한 나무그늘 밑에 있는 것 같다. 이들은 주변 사람들을 편안하게 만들기 때문이다.

반면, 매너가 좋지 않은 사람들은 혐오감을 준다. 항상 자기중심적이며 주변 사람들을 불편하게 한다. 그리고 악취를 풍긴다. 나아가 스스로 자신의 인격을 의심받게 만든다. 앞서 지적했듯이, 매너는 모든 인간관계의 기초다. 이 기초는 타인에 대한 '존중'과 '배려'로 나타난다. 부부 간에도 매너는 필요하고 사제간에도 필요하다. 공공장소에서는 말할 것도 없다.

배려는 배려를 낳고, 존중은 존중을 낳는다. 내가 먼저 배려하지 않고 배려 받을 수는 없다. 내가 먼저 상대를 존중하지 않고 존중받길 기대할 수는 없다. 매너는 궁극적으로는 나 자신이 존중받고 배려받기 위한 것이다. 예의는 곧 자신의 인격이다

칭찬을 아끼지 말자

상대방이 칭찬을 어떻게 받아들이는지 잘 관찰하면 그를 평가하는 척도를 얻게 된다.   -T. 버크 -

　서구인들에 비해 우리는 칭찬에 인색한 편이다. 필자가 미국 연구원으로 있었을 때의 경험으로 보면 그들은 아주 사소한 일에도 칭찬을 아끼지 않는다. 늘 엄지손가락을 치켜세우며 원더풀(wonderful)을 외친다. 땡큐(thank you)라는 말은 말할 것도 없다. 그런데 왜 우리는 칭찬에 인색할까. 필자는 '르상티망(resentment),' 즉 우리 안에 내재화된 '시기의식'으로 판단한다. "사촌이 논을 사면 배가 아프다"는 경구가 이를 강력히 증명한다.
　칭찬은 생활 속에서 사람들로 하여금 힘이 나게 하는 마력을 갖고 있다. 칭찬이 없다면 사회는 사막처럼 삭막해진다. 미소도 웃음도 사라진다. 칭찬은 삶의 활력이기 때문이다. 이런 이유로 칭찬이 넘치는 곳은 늘 화기애애한 분위기가 만들어진다. 이뿐만이 아니다. 칭찬이 많은 사회는 칭찬이 메아리가 되어 다시 긍정적인 에너지로 순환된다.

산속에서 '야호'하고 소리를 지르면 메아리가 되돌아 온다. "나는 네가 미워"하고 소리치면 다시 "나는 네가 미워"라고 흉내를 낸다. 화가 나서 더욱 목청을 높이면 메아리 역시 그대로 되돌아 온다. 이런 메아리 법칙은 사람들과의 관계에서도 그대로 적용될 수 있다. 예컨대 다른 사람의 험담을 하는 사람은 자신에게 험담이 돌아온다. 다른 사람을 칭찬한다면 그 칭찬은 자신에게 다시 돌아온다. "나는 네가 좋아", "네가 멋있어"라고 말하면 상대방도 "나도 네가 좋아," "네가 멋있어"라고 반응한다는 것이다.

철학자 소크라테스의 사례를 들어보자. 소크라테스의 '세 가지 체' 이야기다. 어떤 사람이 언짢은 얼굴로 소크라테스를 찾아왔다. "소크라테스 선생, 내 말을 좀 들어보세요. 당신의 친구가 무슨 일을 했는지 알고 있나요?" 그러자 소크라테스가 말을 막으며 말했다. "당신의 말을 지금부터 세 가지 '체'에다 걸러 보겠습니다."

첫 번째 체는 '진실(眞實)의 체'입니다. 지금 당신이 하려는 말이 모두 진실인지 아닌지를 확인하는 체입니다. 소크라테스는 "당신이 하려는 이야기가 전부 진실이라는 증거가 있나요"하고 물었다. "아니오, 나도 전해 들었을 뿐이오." 아 그렇군요. 그럼 두 번째 체로 다시 걸러 보겠습니다.

두 번째 체는 '선(善)이라는 체'입니다, 만일 당신이 하려는 말이 진실이 아니라면 험담인지 아닌지를 확인하는 것입니다. 당신의 말이 정말 선한 것입니까? 그 사람은 머뭇거리며 다시 대답했다. "그것도 아닙니다. 그 반대라고 해야 할 것 같습니다."

그럼 세 번째로 '필요(必要)라는 체'로 걸러봅시다. 이 체는 반드시 이야기해야 할 필요성이 있는지를 확인하는 체입니다. "물론 꼭 필요한 것은 아니지요. 그냥 그런 이야기를 해야 될 것 같아서 찾아온 것뿐입니다." 그러자 소크라테스는 이렇게 말했다. "그렇다면 나에게 이야기하려고 하는 내용이 진실한 것도 아니고, 선한 것도 아니고, 반드시 필요한 것도 아니라면 그냥 잊어버리시오. 그런 것 때문에 괜히 고생할 필요는 없습니다."

거창한 일을 했을 때나, 커다란 일을 성취했을 때만 칭찬할 수 있는 것은 아니다. 소크라테스의 사례처럼 다른 사람에 대한 험담을 삼가 하는 것만으로도 간접적인 칭찬이 될 수 있다. 모든 사람들이 생활 속에서 작은 것들에 대해 칭찬하고 격려한다면 우리 사회도 칭찬에 인색하다는 평가를 면할 수 있을 것이다. 칭찬은 고래도 춤추게 한다고 말하지 않던가.

남에게 폐를 끼치지 말라

문화는 단지 보기 좋은 장식품이 아니다.
문화는 한 나라의 특성을 드러내주며, 동시에 그 특성을 만드는 강력한 기구다.
문화는 멈추지 않고 계속해서 움직인다.　　- 서머셋 모옴 -

'남에게 폐를 끼쳐서는 안 된다'라는 말을 할 때 가장 먼저 떠오르는 나라는 일본이다. 일본은 세계 어느 나라보다도 다른 사람에게 폐를 끼쳐서는 안 된다는 국민의식이 강하다. 이런 의식은 일본인들에게 완전히 체질화되어 규범 이상의 의미를 지닌다. 일본이 선진국이란 의미는 경제적, 정치적 면에서라기보다는 이런 의미에서 선진국으로 칭하기도 한다. 물론 선진의 의미는 다양하다. 정치, 경제, 사회, 문화적 수준을 모두 고려하여 간주한다. 그럼에도 빼놓을 수 없는 것은 국민들의 인식수준을 고려한다는 점이다.

일본에서는 어렸을 때부터 남에게 폐를 끼쳐서는 절대 안 된다고 가르친다. 이것이 바로 일본을 말할 때 가장 먼저 떠오르게 하는 '메이와쿠(迷惑)' 문화다. 전철이나 식당 같은 공공장소에서 아이가 떠들면 부모는 반드시 "조용히 해. 이것이 민폐인 걸 모르니"라며 아이를 훈계한다. 길거리 곳곳에도 '남에게 폐를 끼치는 행위는 안 된다'는 표어가 붙어 있다. 일본인의 질서라든가 규칙, 규범 등은 바로 이런 철학아래서 유지된다. 영국의 뉴스위크지는 대지진과 쓰나미의 폐허 속에서 새치기하는 사람 없이 몇 시간이고 줄을 서 차례를 기다리는 일본인의 모습은 인류의 정신이 진화할 수 있음을 보여준 사례라며 극찬했을 정도다.

하지만 일본인 특유의 메이와쿠 정신이 사회의 활력을 떨어뜨리고, 매뉴얼에만 기계적으로 매달리는 답답함과 후진적인 정치 관행으로 이어졌다는 비판이 없는 것은 아니다. 그럼에도 남에게 절대 폐를 끼쳐서는 안 된다는 기본적인 배려의식은 아무리 칭찬해도 지나치지 않다. 남을 배려하고 폐를 끼치지 않는 것은 너무도 당연한 공동체 속의 덕목이기 때문이다. 이런 모습은 우리의 모습과 상당히 대비된다.

한 예를 들어보자. 메르스가 우리 사회를 덮쳤을 때 공포에 떨며 마스크를 착용했다. 하지만 일본인들은 별일이 없는데도 공공장소에서 마스크를 쓰는 경우가 많다. 이런 차이는 어디에서 오는 것일까. 일본인들은 나의 침이 다른 사람에게 튈까 봐 착용하는 것이지만 우리는 남의 침이 나에게 튈까 봐 착용한 것이다. 이런 차이는 다른 면에서도 확인할 수 있다. 우리는 기침을 할 때 가리지 않는 경우가 흔하지만 서구사회나 일본에서는 소매로 가리며 기침을 한다.

사적 공간에 대한 인식만 해도 그렇다. 서구인들과 일본인들은 타인과

적당한 거리를 유지하는 사적 공간을 중시한다. 이들에게 사적 공간의 개념은 침해되지 않는 공간으로 인식된다. 비좁은 공간에서 신문을 볼 경우 자신의 어깨 공간을 벗어나지 않기 위해 신문을 여러 등분으로 접어 읽는 모습은 일상적이다. 그런데도 우리 사회는 어떤가. 남에게 피해를 주는 일로 인해 아이들을 데리고 들어갈 수 없는 '노키즈 존(No Kids Zone)'이라는 것까지 생기지 않았던가.

더욱 놀라운 것은 이런 노키즈 존이 더욱 확산되고 있는 추세다. 지하철이나 버스 안에서 주변 사람들을 아랑곳하지 않고 신문을 펼쳐 들고 옆 사람의 시야를 가리며 불쾌감을 준다. 배낭을 짊어진 채로 움직이며 사람들을 다치게 하는 경우도 많다. '폐 끼치는 사회'에서 '폐 끼치지 않는 사회'로 가는 것은 작은 배려에서부터 시작된다. 남에게 폐를 끼치지 않는 것은 공동체를 위한 최소한의 기본이다.

개권유익(開卷有益)

세상은 아름다운 책이지만 읽을 줄 모르는 사람에게는 아무 소용이 없다.　　- 골드니 -

　　서양에서는 책을 읽지 않는 사람들을 빗대 집은 좋은데 대답은 없다(nice house but nobody answer)는 식으로 말한다. 겉은 멀쩡한데 속이 텅 비었다는 의미다. 이들 역시 책을 가까이하지 않는 사람들에 대한 질책이 있음을 알 수 있다. 우리도 어릴 때부터 책 읽기를 강조했다. '지극히 즐거운 것에는 책을 읽는 것 만한 것이 없고 지극히 필요한 것에는 자식을 가르치는 것 만한 것이 없다'고 했다. "혼자 있을 땐 독서를, 둘이면 토론을, 셋이면 노래를 부르라"는 러시아의 속담도 마찬가지다.

　　외모를 가꾸는 것도 중요하다. 하지만 '속 빈 강정'처럼 겉모습은 멀쩡한데 내면이 차지 않은 껍데기만을 위한 삶을 지향하는 것은 생각해 봐야 할 문제다. 이런 현상은 감각적 환경, 미디어 중심의 환경으로 변화된 우리 사회의 분위기와 무관하지 않다. 독서를 기피하는 현상은 삶의 질을 높이는데 긍정적이지 못하다. 사람은 육체와 정신이 성장함에 따라 그에 알맞은 지혜와 이해력을 키워야 하는데 그것은 우리가 어떻게 인생을 사느냐 하는 문제와 직결된다.

독서량과 읽는 책의 질에 따라 사람의 인생 자체가 달라진다. 내적 가치가 뒷받침되지 않는 외적 가치는 의미가 없다. 독서는 지식과 개인의 경험, 나아가 자아와 타자를 끊임없이 연결시켜주는 역할을 한다. 책이 전하는 메시지와 삶을 우리의 현실과 삶 속에서 다양하게 응용할 수도 있다. 때문에 독서의 기피는 정신의 공동화로 이어질 수도 있다. 우리가 체험해 보지 못했던 세계까지도 독서를 통해 경험함으로써 사고의 폭은 그만큼 넓어지고 깊어진다.

승수연담록(繩水燕談錄)에 나오는 이야기다. 송나라 태종은 독서를 매우 좋아했다. 그는 매일 책을 읽기 위해 스스로 규칙을 정했다. 이를 본 신하가 건강을 걱정하자 태종은 이렇게 대답했다. "책을 읽으면 이로움이 있다. 나는 조금도 피로하지 않다." 책을 펴면 유익하다는 의미의 개권유익(開卷有益)을 실천한 좋은 예다. 책을 열수록 사람들의 삶을 내적으로 풍요롭게 만들어 준다는 '독서지광(讀書志廣)'을 그대로 보여준 경우다.

안중근 의사도 "일일부독서구중생형극(一日不讀書口中生荊棘)"이라고 했다. 하루라도 책을 읽지 않으면 입안에 가시가 돋는다는 사실을 말한 것이다. 예로부터 책을 읽지 않는 사람과는 가까이하지 말라는 성현들의 가르침도 모두 마찬가지다.

이런 점에서 '육신의 양식이 음식이라면 마음의 양식은 독서'라고 하는 명제는 유효하다. 책을 읽지 않는 이유로 바쁜 일상만을 탓할 수는 없다. 문제는 우리 안의 게으름이다. 우리에게 감동을 준 책 한 권에서 얻는 기쁨과 유익은 그 어느 것에도 비길 수가 없다. 지금이라도 그 게으름이 우리 속에 똬리를 틀기 전에 독서하는 부지런을 떨어보면 어떨까.

막무가내(莫無可奈)에 대처하는 방법

이성적으로 생각하지 않으려는 사람은 고집쟁이다. 이성적으로 생각하지 못한 사람은 바보다.
그리고 이성적으로 생각하지 못한 사람은 노예다. -윌리엄 드러몬드 경 -

막무가내(莫無可奈)라는 말은 매우 고집을 부리거나 버티어서 어떻게 할 도리가 없다는 뜻으로 '막가내하(莫可奈何)'라고도 한다. 사람들이 흔히 쓰는 '막가파'와 유사한 말이다. 무가여하(舞可如何), 무가내하(無可奈何), 불가내하(不可奈何)와도 같은 의미다.

사마천(司馬遷)의 『사기(史記)』 혹리열전(酷吏列傳)에 의하면, 한나라 무제 때 계속되는 전쟁으로 농민들의 세금 부담이 크게 늘어나자 농민들의 봉기가 일어났다. 조정에서는 군사를 파견해 봉기를 막으려고 하였지만 반란군들이 고을에 자리 잡고(往往而群居) 거세게 저항함에 따라 '어찌할 도리가 없었다(無可奈何).' 바로 이 '어찌할 도리가 없었다'라는 대목에서 유래한 것이다.

세상에는 막무가내인 사람들이 많다. 이들은 상식이 통하지 않고 일상의 규범이 잘 통하지 않는 사람들이다. 이런 사람들이 공동체를 해치고 많은 사람들을 불편하게 만든다. 예컨대 이런 식이다. 이용객들의 보행편의를 위해 자전거 주차를 하면 안 된다고 말하면 "여기에 자전거 주차가 왜 안 됩니까. 안 된다는 규정이 있나요." "그건 규정의 문제가 아니라 이용하는 사람들 다수의 안전과 보행편의를 위해 그런 것입니다." 라고 말하면 "왜 규정에도 없는 것을 이래라 저래라 하나요."라고 대답한다.

보행로를 막고 있는 자전거에 지정된 장소에 주차해 달라는 안내문을 붙여 놓으면 "이런 것이나 붙이라고 내가 세금 낸 줄 아시오?"라고 화를 낸다. 기다리는 사람들이 많으니 열람실 좌석은 한 자리씩만 예약하라고 안내해도 두 자리씩 차지하여 한 자리는 자신의 짐을 올려놓는 용도로 쓰는 사람들도 있다.

이런 막무가내가 어디에 있는가. 사실 이런 정도가 되면 상식적인 대화조차 되지 않는다. 막무가내로 나오면 합리와 설득과 이성으로 이길 수가 없다. 그래서 공자도 이런 사실을 일찍이 알고 이렇게 말했다. "어떻게 할 수 없다는 것을 알면 그것을 운이 없다고 생각하여 편안히 행하는 것이 도덕적 품성이다(知其不可柰何而安之若命 德之至也)."

하물며 공자도 이렇게 가르쳤을 진데, 보통 사람들이 막가는 사람들과 합리적으로 대화하기는 어려울 것이다. 이런 점에서 공자의 막가파식 태도에 대처하는 가르침은 옳다. 결코 자기변명이나 자기합리화가 아니다. 달리 방법이 없기 때문이다. '지는 것이 이기는 것'이라는 말도 있지 않은가. 기본적인 양식과 자질을 갖추지 못한 사람으로 가엾게 여기면 된다.

공존의 지혜, '똘레랑스'

불의는 정의를 이기기 쉽지만 그 정의를 지키기는 어렵다.   - 조광조 -

민주주의는 갈등을 통해 발전한다. 갈등관리가 잘 될 수 있다면 사회를 발전시키는 촉매제 역할을 하기 때문이다. 갈등은 갈등을 낳을 수도, 발전을 낳을 수도 있다. 갈등이 전자의 것이 될 것이냐, 후자의 것이 될 것이냐는 구성원들의 태도가 크게 영향을 미친다. '똘레랑스(tolerance)'도 이 중 하나다.

똘레랑스는 인간이 항상 오류를 범할 수 있다는 이성적 인식에 기초한다. 자신의 종교, 사상과 다른 것들을 용인한다. 16세기 종교개혁으로 개신교의 자유를 요구하는 종교적 똘레랑스로부터 시작되었다. 중세까지 진실은 왕과 가톨릭에만 있었던 시절, 앙리(Henry) 4세는 1598년 낭트칙령을 선포하여 종교적 관용을 실현했다.

주지하다시피, 똘레랑스 정신은 프랑스가 오랜 경험을 통해 터득한 공존의 대원칙이다. 다원화된 민주사회에서 서로 다른 종교, 사상, 신념 등을 용인함으로써 공존을 가능케 하는 사회적 덕목이다. 다민족, 다인종으로 구성된 프랑스가 중세 종교전쟁 시기의 가톨릭과 신교의 갈등, 프랑스 대혁명 전후의 귀족·성직자 대 제3계급 간의 갈등 등을 거치면서 너무 많은 피를 흘린 데 대한 반성을 기반으로 하고 있다.

똘레랑스는 현실에서 세 가지 형태로 나타난다. '종교적 관용', '사회적 관용', '시민적 관용'이 그것이다. 전자는 신앙적 관용, 중자는 자신의 도덕적 가치나 규범의 차이에 대한 관용, 후자는 법과 실제 적용과의 차이를 인정하는 관용이다.

결국 똘레랑스는 '틀림'이 아니라 '다름'이라는 것이다. 나만 옳고 너는 그른 것이 아니라, 다양한 가치로 이해하는 것이다. 이런 점에서 똘레랑스는 다른 사람과의 차이를 인정한다. 또 사상의 자유를 보장할 뿐만 아니라, 자신이 자유를 향유하는 만큼 타인의 자유도 함께 존중하는 것이다. 이는 합리성에 기초한 사회통합을 가능하게 하는 핵심요소다.

그런데 우리의 현실은 어떤가. 다름을 인정하지 않는 경직된 사회다. 똘레랑스 정신과는 거리가 멀다. 오직 같은 색깔만을 요구한다. 나와 다르면 그것은 곧 이단이요, 비난의 대상이 되고 만다. 지나친 민족주의, 사회적 집단주의도 이런 맥락이다.

우리 사회도 점차 다원 사회로 나가고 있다. 다문화 가정도 급속도로 늘고 있다. 외국인 노동자들도 이미 우리 이웃이 되었다. 각 이익집단들의 목소리도 커져가고 있다. 우리 사회에서도 똘레랑스를 가르쳐야 할 중요한 이유다.

악의 평등

모든 사람은 평등하게 창조되었다. 생명, 자유, 행복의 추구 등 선천적으로 양도 불가능한 권리들을 창조주로부터 받았다.   - 제퍼슨 -

    술과 담배는 인간의 대표적인 기호품이다. 남자들에게는 더욱 그렇다. 술은 호탕한 남자의 대명사로, 담배 역시 남자다움의 상징으로 여겨진다. '장부두주불사(丈夫斗酒不辭)'나 담배 광고에 나오는 카우보이 모자를 쓴 '말보로맨'은 이를 나타낸 것이다. 하지만 이런 인식은 이제 과거의 것이 되었다.

    여성들의 흡연이 과거와는 비교가 되지 않을 정도로 늘었다. 대학 교정에서 여학생들이 삼삼오오 모여 담배를 피우는 모습은 더 이상 낯설지 않다. 강의가 끝나고 나오면서 담배를 무는 모습도 일상적이다. 중·고등학교라고 해서 예외는 아니다. 남학생들과 별반 차이가 나지 않는다. 학교의 후미진 곳이나 화장실은 여학생들이 단골로 이용하는 흡연 장소다. 이들은 쉬는 시간과 점심시간을 이용해 흡연을 한다.

　이에 대한 여성들의 반응은 여러 가지다. 남자들은 자유롭게 흡연을 하는데 여자들은 왜 화장실에 숨어서 피워야 하느냐고 항변한다. 양성평등, 혹은 흡연권을 말하기도 한다. 여성들도 남자들처럼 당당하게 흡연할 수 있어야 한다는 것이다. 틀린 말은 아니다. 남자들이 피우는데 여성들이 피우지 못할 이유는 없다. 그럼에도 한 가지 문제는 남는다. 흡연 자체의 유해성이다. 이 문제는 여성이기 때문에, 혹은 남성이기 때문에의 문제가 아니다. 흡연은 여성이든 남성이든 그 자체가 좋은 것이 아니라는 것이다. 여성들이 굳이 '악(惡)의 평등'을 실현할 필요가 없는 이유다.

　여성들의 흡연을 특별하게 보려고 하는 의도는 아니다. 남녀 차별적 시각에서 보는 것은 더더욱 아니다. 남성들의 흡연이 선(善)이 아닐 진데 이를 굳이 동등하게 생각할 일은 아니라는 것을 지적하는 것뿐이다. 여성의 흡연율 증가가 '선의 평등'이라면 얼마나 좋겠는가. 사실이 그렇지 않은가. 흡연이 좋은 것이라면 왜 말리겠는가. 오히려 더욱 권장해야 할 일이 아니겠는가.

　특히 건강상 흡연이 여성들에게 더욱 불리하게 작용한다는 것은 상식 중의 상식이다. 이뿐만이 아니다. 흡연으로 인한 사회경제적 손실도 크다. 연간 9조 원에 이를 정도다. 이렇게 엄청난 돈이 담배 연기로 매년 사라지고 만다. 여기에 여성들까지 합세할 필요는 없다.

눈이 두 개인 이유

슬프다! 내 가슴 속에는 두 영혼이 살고 있다.　　— 괴테 —

"내가 뭐 어쨌다고 그래, 회사에서 회식하다 좀 늦은 것 뿐인데."
"그래도 집에 전화 한 통 할 시간이 없었나요?"
"아니, 그럴 수도 있지, 꼬박꼬박 집에 연락을 해야 하나."
"집에서 저녁도 안 먹고 기다리는 사람 생각도 해야 하는 것 아니에요?"
"앞으로 연락 없으면 기다리지 말고 먼저 먹어."
"끝내 연락하겠다는 말은 안 하네요."
다른 집도 상황은 크게 다르지 않다.
"세탁할 것이 있으면 빨래통에 넣으라는 얘기를 몇 번이나 했나요."
"그게 무슨 큰일이라고."

"그럼 벗어놓는 사람 따로, 치우는 사람 따로 있나요? 빨래 통에 넣기 싫으면 그냥 입고 다녀요."

우리 주변에서 흔히 볼 수 있고 경험하는 풍경들이다. 어느 집이든 싸우는 모습을 보면 공통점이 있다. 대부분 양보가 없다는 점이다. 그렇다고 사례에서 보듯이 중요한 문제로 다투는 것은 아니다. 사회 정의나 중요한 가치의 문제를 놓고 싸우는 것은 더더욱 아니다. 대부분은 일상생활 속에서 일어나는 작은 문제들로 다툰다. 심지어 치약을 왜 밑에서부터 짜서 쓰지 않느냐는 문제에서도 갈등이 발생한다.

이런 작은 문제들이 누적되면서 갈등도 깊어진다. 갈등은 상대방에 대한 이해 부족과 자기중심적 사고에서 비롯된다. 왜 그것을 이해하지 못하느냐고 항변하는 것은 전형적인 자기중심적인 생각이다. 이해를 하고 못하고의 문제는 상대방의 몫이다. 어디에 방점을 두느냐에 따라 이해의 폭과 깊이가 달라진다. 교육과 원가족의 영향도 크다. 개인에 따라서는 비합리적 신념에 의해 특별히 인정하지 않거나 용납하지 못하는 문제들도 있다.

이런 특징들이 자신을 규정한다면 상대방의 경우도 마찬가지다. 내가 특정 부분에 방점을 둔다면 상대방도 그런 부분이 존재한다. 내가 그렇게 생각하지 않듯이 상대방도 그렇게 생각하지 않는 부분이 있기 마련이다. 내가 그렇게 하는 것은 괜찮지만 상대방이 그렇게 하는 것을 용납하지 못하는 것이 문제다. 내가 그렇듯이 상대방도 그럴 수 있다는 사실을 인정할 수 있을 때 비로소 문제를 제대로 볼 수 있다.

정리정돈의 문제를 보자. 틈만 나면 쓸고 닦고 정리정돈을 잘하는 사람도 있지만 이를 시간낭비로 생각하는 경우도 많다. 이런 경우 정리정돈을 잘하는 입장에서는 시간낭비로 생각하는 상대방을 이해하기 어렵다. 반대의 입장에서도 할 말이 많다. 좀 지저분하면 어떠냐는 것이다. 정리정돈을 할 시간이 있으면 좀 더 나은 활동을 하는 것이 훨씬 낫다고 생각할 수도 있다. 이런 경우 정리정돈이 먼저라고 말하기는 쉽지 않다. 정리정돈에 소비하는 시간보다 더 나은 시간으로 쓸 수 있다면 더 가치 있는 일이 될 수 있기 때문이다.

그렇다면 정리정돈은 시간낭비라고 생각하는 사람과 정리정돈이 중요하다고 생각하는 사람이 한 가족 구성원이라면 어떨까. 양쪽의 시각에서 같이 보지 않으면 결국 원만한 가정을 꾸리기 어렵다. 상대방의 생각과 가치를 인정하지 않는다면 끊임없이 갈등할 수밖에 없다. 흔히 경청의 중요성을 말할 때 귀가 두 개라는 사실을 강조한다. 상대방의 말을 잘 들으라는 의미다.

눈도 마찬가지다. 한쪽 눈으로 보는 것보다 두 눈으로 볼 때 사물을 더 정확하게 식별할 수 있다. 한 쪽으로만 보면 정확한 거리와 모양을 제대로 파악하기 어렵다. 바로 이런 이치다. 자기 시각에서만 생각하고 자기 시각에서만 바라보는 것은 편시(偏視)다. 두 개의 시각에서 본다는 것은, 더 정확히 말하면 역지사지의 시각이다.

좋은 멘티의 조건

성실함 자체는 하늘의 도리고 성실해 지려고 생각하는 것은 사람의 도리다. 성실하지 않고서 남을 감동시키는 사람은 아직 없었다.   - 맹자 -

　성공적인 삶을 산 사람들에게는 대부분 훌륭한 멘토가 있었다. 그렇다면 좋은 멘토만 만나면 모든 일이 잘 될까. 그렇지 않다. 좋은 멘티십이 있어야 한다. 하지만 좋은 멘토십이 그렇듯 좋은 멘티십을 갖기란 쉽지 않다. 인간은 매우 관계적이기 때문이다. 관계는 고정불변의 것이 아니라 항상 변화한다. 이런 관계성 속에서 보편적 혹은 좋은 멘티십을 확인할 수 있다. 그렇다면 좋은 멘티십이란 어떤 것일까.

　첫째, 멘토를 믿고 따르려는 '적극적인 태도'다. 이런 태도는 멘티십의 최고 덕목이 될 수 있다. 만일 멘토를 믿을 수 없다면 멘토의 가르침을 그대로 받아들이기는 어렵다. 멘토와 멘티의 관계는 정신적 유대감을 공유하는 관계다. 실제로 멘토와 멘티간의 관계를 잘 나타내주는 과거의 도제

교육이 그랬다. 멘티는 멘토의 특정한 기술적 가르침만을 전수받은 것이 아니었다. 멘토의 정신적 가르침까지 온전히 이어받았다. 세계적인 명기를 만든 아마티, 스트라디바리우스, 과다니니의 예는 대표적이다.

둘째, '성찰적인 태도'다. 우리의 삶은 고통과 시련을 견뎌가는 과정이다. 이런 과정에서 수 없이 많은 시행착오를 겪는다. 하지만 중요한 것은 실수에 어떻게 반응하느냐의 문제다. 스스로 자신을 성찰하는 사람이 있는가 하면 그렇지 않은 경우도 있다. 제자 스트라디바리우스는 아마티 명가로 대표되는 크레모나의 전통을 이해하고 존중했다. 하지만 결코 그것에만 얽매이지는 않았다. 스트라디바리우스는 스스로 성찰을 통해 스승인 아마티를 넘는 자기성찰의 기업가적인 면모를 보여주었다. 멘티는 이런 태도가 있어야 한다.

셋째, '소통하는 태도'를 가져야 한다. 이는 멘티 자신이 나아가야 할 목표와 방향을 명확히 이해하고 멘토의 도움을 자신에 맞게 적용하려는 노력을 말한다. 멘티가 열린 마음을 견지했을 때 멘토와의 교감은 훨씬 풍요로워진다. 소통과 교감이 활발할수록 좋은 관계가 형성된다는 것은 불문가지, 멘티를 더욱 성장시키는 역할을 한다.

넷째, 멘토와 멘티가 동시에 지녀야 할 덕목도 있다. '동반성장' 의식이다. 동반성장은 부부 관계, 부모자식 관계, 친구 관계에서도 적용될 수 있다. 예컨대 가장 바람직한 부부관계는 서로 동반성장하는 관계다. 사제 간의 경우도 마찬가지다. 긍정적인 영향을 주고받으며 교학상장(敎學相長)하는 것이다. 멘토와 멘티의 관계도 이와 크게 다르지 않다.

원망은 모래에, 은혜는 돌에 새겨라
남에게 베푼 은혜는 잊어버리고 남이 베푼 은혜는 잊어서는 안 된다.   - 소역 -

어느 날 두 친구가 강도를 만났다. 그런데 한 친구가 다른 친구를 버려두고 도망을 쳤다. 강도에게 붙잡힌 친구는 겨우 목숨을 건졌다. 잠시 후 혼자 도망쳤던 친구가 돌아와 보니 붙잡혔던 친구가 모래 위에 "나의 친구가 나를 버리고 도망을 쳤다"라고 쓰고 있었다.

두 친구는 다시 여행을 계속 했다. 그런데 이번에는 강도에게 붙잡혔던 친구가 낭떠러지에 떨어져 죽을 뻔 했던 것을 도망쳤던 친구가 구해 주었다. 목숨을 건진 친구가 이번에는 "나의 친구가 나의 목숨을 구해주었다"라고 바위에 새겼다.

두 친구는 왔던 길을 다시 돌아갔다. 그런데 모래 위에 "친구가 나를 버리고 도망쳤다"는 내용은 바람에 흔적도 없이 사라져 버렸지만 "친구가 나를 구해주었다"는 내용은 바위에 새긴 그대로 남아있었다. 친구가 왜 어떤 것은 모래위에 쓰고 어떤 것은 돌에 새겼는지 이유를 물었다. 친구는 이렇게 대답했다. "만일 내가 강도의 일을 바위에 새겼다면 자네를 볼 때마다 나를 버리고 도망간 친구로 기억할 것 아닌가. 자네에게 은혜를 입은 일을 돌에 새긴 이유도 마찬가지네. 자네를 볼 때마다 친구가 나의 목숨을 구했다는 사실을 기억할 것이 아니겠는가."

공자는 헌문(憲問)편에서 원한을 덕으로 갚는 것에 대한 제자의 물음에 "원한은 바른 것으로 갚고, 은덕은 은덕으로써 갚아야 한다"고 했다. 공자의 "바른 것, 즉 정직함(直)으로 원한을 갚는다"는 표현은 일견 '눈에는 눈, 이에는 이'라는 식으로 원한을 갚아야 한다는 뜻으로 이해될 수 있다. 그러나 그 내면을 보면 전혀 다른 의미가 있다. 공자가 말한 의미는 '동태복수(同態復讐)'가 아닌 상대방의 잘못을 깨우칠 수 있는 정직함으로 갚아야 한다는 것이다.

노자의 '보원이덕(報怨以德)'에 대한 대답도 같은 맥락이다. "작은 원한은 갚을 것이 못 된다. 커다란 원망은 세상의 모든 사람들이 그를 죽이고 싶어 하는 것이다. 그러므로 세상 사람들이 한마음으로 하는 것, 그것을 따르는 것이 진정한 덕"이라고 했다.

여기서 작은 원한은 개인적인 사적 원한이고 큰 원한은 사회를 안정시키고 백성을 보호하는 공도(公道)를 말한다. 사람들은 흔히 원한은 돌에 새기고 은혜는 모래에 새기는 모습을 보인다. 그것이 인지상정이긴 하지만 그래도 할 수만 있다면 원망과 섭섭함은 모래에, 은혜는 돌에 새기는 것이 좋지 않겠는가.

습관은 행동으로 나타나는 몸의 기억

습관은 밧줄과 같다.
날마다 한 올 한 올 엮다보면 결국 끊지 못하게 된다.   - 호레이스 만 -

좋은 습관이 좋은 결과를 만든다. 당연한 말이다. 철학자 칸트도 산책하며 사유하는 습관이 그를 세계적인 철학자로 만들었다. 사람들은 칸트의 산책을 통해 시간을 가늠했을 정도였다. 필자도 지금까지 습관화 된 새벽산책을 통해 아이디어와 글감을 얻는다. 생각이 막히는 순간 마치 몽유병 환자처럼 느릿느릿 발걸음을 옮긴다. 이런 습관은 눈이 오나, 비가 오나, 지금까지 이어지고 있다.

습관은 한 부분 결정론적인 특성을 갖는다. 우리의 삶에 영향을 크게 미친다는 점에서다. 결정론은 자연조건 등이 인간생활에 절대적인 영향을 미친다는 이론이다. 윌리엄 템플은 1690년에 쓴 자신의 저서를 통해 변화무쌍한 영국의 기후는 영국인들의 기질을 변덕스럽게 만들었다고 설명했다. '북유럽 사람들은 추훈 기후 탓으로 용감한 편이지만 아시아인들은 더운 날씨로 겁이 많다'는 아리스토텔레스의 주장도 마찬가지 관점이다.

습관은 행동으로 나타나는 몸의 기억이다. 이는 악습관과 선습관의 형태로 나타난다. 악습관은 부정적인 영향을 끼치는 반면, 선습관은 긍정적인 영향을 미친다. 그렇다면 악습관을 선습관으로 바꾸기만 하면 모든 것이 원하는 대로 이루어질까. 혹자들은 그렇게 생각할지도 모른다. 하지만 필자의 생각은 다르다. 이 대목에서 눈치 빠른 독자들은 단박에 알아 차렸을 것이다. 다음과 같은 경우를 생각해 보아야 한다.

첫째, 악습관을 선습관으로 바꾸는 경우다. 결론부터 말하면 이 문제는 쉽지 않다. 그래도 답이 있다면 '자기강화'다. 자기강화는 경험에 의해 체득된 몸의 기억을 의지로 이겨내는 것이다. 이런 의지의 단호함은 방법의 문제를 앞선다. 아직도 버려야 할 습관을 버리지 못하고 있다면 자신의 마음부터 살피라는 권도도 그런 의미. 생각하는 것과 실행하는 것의 차이는 크다. 실행을 통해 훈습이 이루어진다. 훈습의 결과 체화가 되었을 때 습관의 변화로 나타난다. 훈습은 유식(唯識)불교에서 따온 것으로 지각과 의식을 통한 경험이 가장 깊은 층에 있는 아뢰야식(阿賴耶識)에 배어들어 저장되는 것을 말한다.

둘째, 선습관이 타성에 빠지지 않도록 하는 경우다. 선습관도 타성이 되지 않기 위해서는 일신우일신(日新又日新)해야 한다. 조익의 『도촌잡록(道村雜錄)』에 나오는 '집지전일(執持專一)'이란 말도 같은 맥락의 경계다. '낯선 것은 익숙하게 하고 익숙한 것은 낯설게 해야 한다'는 의미다. 생소한 것에 익숙하고 익숙한 것에 생소하다면 습관은 타성이 아닌 매일 매일의 자양분이 될 수 있다. 이런 과정을 통해 악습관을 선습관으로 변화시킬 수 있다. 결과적으로는 몸의 기억으로 남는다. 이 정도면 습관과 타성의 간극을 조절할 수 있는 황금률이 될 만하지 않은가.

진실은 돈으로 살 수 없는 것

세상의 모든 것들이 관습이란 잘못된 저울로 평가되는 동안, 진실은 깊은 곳에서 발견된 보석이다.
- 바이런 경 -

페르시아 황제 코스로스는 사람들의 기대를 뒤엎고 병에서 회복되었다. 그는 고문관들을 모두 불러 놓고 말했다. "여러분이 나에게 바라는 것이 무엇인지 말해보시오. 내가 좋은 황제라고 생각하시오? 만일 여러분들이 거짓 없이 본 그대로를 말한다면 그 보답으로 값진 것을 선물할 것이오."

고문관들은 황제의 앞에 나아가 온갖 좋은 말을 늘어놓았다. 이때 현자 엘림의 차례가 되었다. "폐하, 저는 차라리 말하지 않는 것이 좋겠습니다. 진실은 돈으로 살 수가 없기 때문입니다." 황제가 말했다. "그대에게는 아무것도 주지 않을 것이니 솔직히 말해보시오." "폐하께서는 저희와 마찬가지로 약점이 있고 실수를 저지르는 한 인간입니다. 폐하께서 축제나 궁

전 건축, 특히 전쟁에 많은 예산을 낭비하고 있기 때문에 백성들은 과도한 세금에 허덕이고 있습니다. 상황을 제대로 파악해야 합니다."

황제는 그 말을 듣고 생각에 잠기더니 약속한 대로 고문관들에게 보석을 나누어 주었다. 그러나 엘림에게는 곧 바로 수상직을 임명했다. 다음날 고문관들이 엘림을 알현하기 위해 황제 앞에 왔다. 이 중 대표가 말했다. "폐하께서 저희에게 주신 보석들을 판 상인들을 처벌해야 합니다. 그 보석들은 모두 가짜였습니다." 황제가 당연하다는 듯이 대답했다. "너희들의 말이 가짜인 것처럼 그 보석들도 가짜였다."

진실을 돈으로 살 수 있다면 그것은 진실이 아니다. 진실은 진실로 존재한다. 진실이 무엇인가. 진실은 어떤 상황에서도 변하지 않는 것을 말한다. 양심과도 깊은 관련성을 지닌다. 양심은 진실을 밝히는 거울이다. 맑은 양심은 진실을 있는 그대로 밝혀내기 때문이다. 예에서 보듯 엘림의 양심은 진실을 드러내는 거울이었다. 다른 고문관들은 좋은 말로 양심을 드러내지 않았지만 엘림은 양심을 그대로 드러냈다.

우리는 흔히 진실이 승리한다는 말을 한다. 여기서 승리한다는 것은 거짓을 이긴다는 의미다. 진실과 양심은 양립하지만 진실과 거짓은 양립할 수가 없다. 진실이 아니면 거짓이요. 거짓이 아니면 진실이다. 진실과 거짓은 마치 흑백과 같이 대척점에 존재한다. 당연한 얘기지만, 진실을 돈으로 살 수 없는 것이라면 양심도 돈으로 살 수 없다.

> 생각이 깊어질수록 그 표현은 간결해진다.
> 나무의 가지를 치면 칠수록 그 열매는 풍성해진다.
> － 알프레드 보거트 －

제3부
사유와 성찰

삶이 그대를 속일지라도

죽음은 인간의 태생적 특권이다. 죽음이 없는 삶이란 우리가 살아갈 가치가 없는 것이다.
중요한 것은 오래 사는 것이 아니라 어떻게 사는가 하는 것이다.　　－ P. j 베일리 －

"삶이 그대를 속일지라도 슬퍼하거나 노하지 말라/ 슬픔의 날을 참고 견디면 기쁨의 날이 오리니/ 마음은 미래에 살고 현재는 슬픈 것/ 모든 것은 순간에 지나가고 지나간 것은 다시 그리워지나니/ 삶이 그대를 속일지라도 노하거나 서러워하지 말라/ 절망의 나날을 참고 견디면 기쁨의 날이 반드시 찾아오리라/ 마음은 미래에 살고 현재는 언제나 슬픈 법/ 모든 것은 한 순간에 사라지지만 가버린 것은 마음에 소중하리라."

알렉산도로 푸시킨의 시 '삶이 그대를 속일지라도'의 일부다. 이 시는 삶이 우리에게 주는 슬픔과 우울을 담담하게 받아들이라는 메시지를 담고 있다. 삶은 어차피 흘러가는 것이며 그렇게 흘러가다보면 인생의 고통과 눈물은 사라진다는 것이다. '마음은 미래에 살고 현재는 슬픈 것'이라는 구절에서는 지금 현재의 삶이 비록 고통스럽고 힘들지라도 찾아올 내일에는 새로운 기운이 솟아날 것이라는 삶의 에너지에 대한 확신을 느끼게 한다.

살다보면 삶이 버겁다고 느낄 때가 많다. 성공적인 삶을 사는 사람이라고 해도 순간순간의 좌절과 절망은 있기 마련이다. 긍정적인 사람일지라도 매 순간 기쁘게 살 수는 없다. 산다는 것은 그렇게 순간을 견디며 사는 것인지도 모른다. 때론 어쩔 수 없이 받아들이는 것, 때론 아득하게 느껴지는 것, 때론 절망하며 포기하는 것, 그것이 바로 삶이다. 그렇다. 삶은 그렇게 늘 우리를 속인다. 하지만 삶이 우리를 속일지라도 그것을 감내하다보면 새로운 희망을 만나게 된다.

실제로 그런 경우는 많다. 어려운 환경을 극복하고 당당하게 자신의 존재감을 드러내는 사람들을 흔히 볼 수 있다. 비록 한 때는 고난을 겪었지만 그 고난 속에 묻히지 않고 자신만의 꽃을 피운 사람들도 많다. 삶의 애환과 거기에서 오는 애달픔, 고독을 거부하지 말라는 것은 그것을 자연스럽게 받아들이면서 삶을 기쁨의 경지로 끌고 갈 수 있다는 의미다.

삶에는 예기치 않은 복병도 있다. 생명을 위협하는 복병도, 생계를 위협하는 복병도 있다. 푸시킨도 이런 아픔을 보통 사람들보다 훨씬 더 많이 경험했다. 그리 행복하지 않은 그의 결혼생활 때문이었다.

복병은 누구에게나 부지불식간에 찾아올 수 있다. 젊다고 찾아오지 않고 나이가 들었다고 찾아오는 것도 아니다. 이런 복병들이 나의 삶을 속이고 우리의 삶을 속인다. 그래서 푸시킨도 "현재는 언제나 슬픈 것"이라고 노래한 것이다.

인생은 끝까지 살아 봐야 알 수 있다는 말도 그런 맥락이다. 학창시절 장래가 촉망되었어도 기대했던 만큼의 결과를 얻지 못한 경우는 많다. 건강을 자신하고 살았지만 어느 순간 건강문제로 고생하는 경우도 있다. 과거에는 경제적으로 넉넉한 삶을 살았지만 현재는 그렇지 못한 경우도 많다. 선남선녀들이 행복을 꿈꾸며 결혼생활을 시작했지만 갈라서는 경우도 수없이 많다. 그래도 중요한 것은 기쁨의 날이 반드시 올 것이라는 믿음을 잃지 않는 것이다.

음주론 한 마디

봄비는 독서에, 여름비는 장기두기에, 가을비는 가방이나 다락방정리에. 겨울비는 술 마시기에 좋다. 비난받아야 할 것은 음주가 아니라 과음이다.　　－ 임어당 －

　중국 당대(當代)의 시인 이백은 "술 세잔이면 도에 이르고 한 말이면 자연과 하나가 된다"고 했다. 공자도 『논어』에서 술에 대해 한 마디 했다. "술을 마시는 양이 정해진 것은 아니지만 흐트러질 정도가 되어서는 안 된다"는 것이다. 말이 통하는 친구와 술을 마시면 천 잔도 적지만, 말이 통하지 않는 사람이 말을 하면 한 마디도 많다는 말도 있다. 예수가 최초로 행한 기적도 술과 관련이 있다. 예수는 가나안 잔치 집에서 최초로 포도주를 빚는 기적을 행했다.

　술만큼 양면성을 가지고 있는 기호품도 드물다. 술은 동서고금을 막론하고 사람들의 세상사 시름을 달래주는 최고의 약이다. 직장생활을 하며 퇴근 후 한 잔은 커다란 즐거움이다. 친구와 정담을 나누며 나누는 한 잔술은 술이 아니고 감로수나 다름없다. 사람들과 정을 돈독히 하고 때론 삶의 여유를 찾게 하는 것도 술이다. 술은 적당히 마시면 약이 되기도 하지만 젊은 시절 절제하지 않는 음주습관은 문제가 된다. 특히 폭음과 통음을 젊은 시절의 패기로 생각하는 것은 큰 오산이다. 이왕 음주 이야기가 나왔으니 술의 작용을 단계별로 보자.

1단계는 '해위(解胃)' 단계다. 술이 목에 넘어가면서 짜릿하게 느껴지는 단계로 몇 잔을 마시고 나면 몸과 마음이 풀린다. 몸에 약간의 온기가 돌면서 경우에 따라서는 열감이 나타난다. 기분도 좋아진다. 스트레스를 받은 경우라면 마음이 서서히 가라앉는 단계다.

2단계는 '해구(解口)' 단계다. 말 그대로 입이 열리는 단계다. 친구들과 담소를 하면서 대화가 서서히 무르익는다. 사람에 따라서는 목소리가 커지고 얼굴이 붉어진다. 상대의 이야기를 듣기 보다는 자신의 이야기를 먼저 한다. 독작을 하는 경우라면 이런 저런 생각들이 정리된다. 여기까지는 이성적 판단이 가능한 단계다.

3단계는 '해색(解色)' 단계다. 이 단계에서는 모든 여자들이 예뻐 보인다. 여자의 경우는 남자가 멋있어 보인다. 남녀 모두 이성적인 판단을 하기 어려운 단계다. 감정에 매몰될 위험성이 매우 높아 정상적인 판단을 하기 어렵다. 특히 이성간이라면 실족하기 쉬운 단계다. 남녀 간의 실수는 대부분 이 단계에서 발생한다.

4단계는 해원(解怨) 단계다. 마음 속에 쌓였던 섭섭함, 분노 등이 서서히 올라오기 시작한다. 지난 과거의 일까지 들추어 가며 싸우는 것도 바로 이 때문이다. 이때부터는 자신이 술을 마시는 것이 아니라 술이 술을 마시는 단계다. 술을 물처럼 마시게 된다. 이성은 완전히 머리를 빠져나간 상태로 말과 행동이 거칠어진다. 감정통제가 제대로 되지 않는 단계다.

5단계는 '해망(解亡)' 단계다. 몸을 가누지 못하는 최후의 단계로 술이 깨도 전날 무슨 일이 있었는지 알 수 가 없다. 손이 발의 역할까지 할 때도 있다. 갑자기 땅이 솟아오르기도 하고 꺼지기도 한다. 방향 감각을 상실하여 집을 제대로 찾아가지 못하는 경우도 발생한다. 망신의 단계인 셈이다.

젊은 시절의 잘못된 음주습관이 평생의 후회로 이어질 수 있다. 필자가 제자들을 만나면 술에 대한 경계를 한 번쯤은 거론하는 것도 이런 이유다. 술 향기는 십리까지 가지만 술을 잘못 마셔 나는 오취(汚臭)는 자신과 주변을 오염시킨다. 판단컨대, 술은 생각과 입이 풀리는 '해구 단계'까지만 마시는 것이 가장 좋을 듯하다. 술이 술을 마시는 해망 단계까지 가서는 곤란하다. 그것이 자신의 건강도 지키면서 많은 사람들이 애호하는 술을 욕되게 하지 않는 일이다.

달라이라마의 용서론

누군가 당신에게 피해를 입혔다면 인내심을 가지고 그들을 대하라. 부드러운 말은 상처를 소독한다.
용서는 상처를 치유하고, 망각은 흉터를 지운다.　　- 프랜시스 버몬트 -

　　사람들은 태어나는 순간부터 행복해지기를 원한다. 이것은 사회적 여건이나 교육, 사상과는 무관하다. 우리는 내면 깊숙한 곳에서부터 그저 만족감을 원할 뿐이다. 그러므로 무엇이 우리에게 가장 큰 행복을 가져다 줄 것인지를 알아내는 것이 중요하다. 그것은 다름 아닌 용서와 자비다.
　　용서는 세상의 모든 존재를 향해 나아갈 수 있게 한다. 우리를 힘들게 하고 상처를 준 사람들 우리가 '적'이라고 부르는 모든 사람들을 포함하여 그들과 다시 하나가 될 수 있도록 해준다. 그들이 우리에게 무슨 짓을 했는지 와는 상관없이 우리 자신이 모두 그렇듯 행복해지기 위해 노력한다는 사실을 떠올려 보라. 그러면 그들에 대한 자비심을 키우기가 훨씬 수월할 것이다.

인간은 모두가 똑같은 존재다. 살아있는 어떤 존재라도 사랑하고 자비를 베풀 수 있다면 무엇보다 우리를 미워하는 이들에게 그런 마음을 가질 수 있다면 그것이 참다운 사랑이고 자비다. 누가 우리에게 용서하는 마음을 가르쳐 주는가. 바로 우리의 반대편에 서서 우리를 적대시하는 사람들이다. 그들이야말로 진정한 스승들이다. 바로 이들이 우리 주변에 존재하기 때문에 용서가 필요하다.

다른 의미로 고통을 견뎌낼 수 있는 인내심을 키우기 위해서는 우리에게 상처를 입힌 누군가가 있어야 한다. 그런 사람들이 있어 우리는 용서할 수 있는 기회를 얻는다. 그들은 우리의 스승들조차 할 수 없는 방법으로 우리 내면의 힘을 시험한다.

다른 인간 존재에 대해 분노와 미움, 적대적인 감정을 가지고 싸움에서 승리를 거둔다고 해도 삶에서 그는 진정한 승리자가 아니다. 그것은 마치 죽은 사람을 상대로 싸움을 하고 살인을 하는 것과 같다. 인간 존재는 모두 일시적이며 결국 죽게 되어 있기 때문이다.

우리 모두는 그런 자연의 섭리를 누구도 거스를 수 없다. 전쟁터에서 죽느냐 병으로 죽느냐는 별개의 문제다. 어쨌든 우리가 적으로 여기는 사람들은 언젠가 죽기 마련이고 그러므로 결국 사라질 사람들을 죽이고 있는 것과 마찬가지다. 진정한 승리자는 적이 아닌, 자기 자신의 분노와 미움을 이겨낸 사람이다. 용서와 인내는 우리가 절망하지 않도록 지켜주는 힘이다.

용서의 마음을 가지고 있으면 다른 사람이 어떤 모습을 하고 우리에게 어떤 행동을 하든 아무 상관이 없다. 진정한 자비심은 다른 사람의 고통을 볼 줄 아는 마음이다. 그의 고통에 책임을 느끼고 그를 위해 무엇인가를 해주고 싶은 마음이다. 다른 사람의 행복에 마음을 기울일수록 우리 자신의 삶은 더욱 환해진다. 타인을 향해 따뜻하고 친밀한 감정을 키우면 자연히 자신의 마음도 편안해진다. 그것은 행복한 삶을 결정짓는 근본적인 이유가 된다.

멋진 보시

모두가 어리석다고 하는 사람이 있었다.
그러나 그는 주면 줄수록 더 많은 것을 얻을 수 있었다.　　- 아리스토텔레스 -

　　혼잡한 버스에 할머니 한 분이 탔다. 주머니를 뒤지던 할머니는 난감한 표정으로 버스 기사에게 "기사 양반 미안한데 내가 지갑을 안 가져왔구려." 꼭 어디를 가야만 했는지 버스 기사가 내리라고 하는데도 미안하단 말만 연신 되풀이하고 있었다. 무안해 하면서도 미안하다는 말만 하는 할머니를 보고 어느 누구도 관심을 갖지 않았다. 어떤 승객들은 그냥 출발하라는 사람도 있었고 버스 기사처럼 내리라는 사람들도 있었다.
　　이때 한 학생이 요금 함에 만원을 넣으며 말했다. "이 돈으로 할머니 차비하시고 또 이런 경우가 생기면 남은 돈으로 그분들 차비에 보태 주세요." 학생의 이야기에 버스 안은 순간 조용해졌고 버스 기사도 무안한 표정으로 출발했다. 우리 주변에서 가끔씩 목격할 수 있는 모습이다. 점점

타인에 대한 배려도 도움도 사라져가는 세상에서 많은 것을 느끼게 하기에 충분하다.

미국에서 있었던 일이다. 어머니와 아이 셋을 태운 자동차가 차량 밖으로 튕겨 나갈 정도로 큰 교통사고를 당했다. 뼈를 다친 어머니는 움직일 수 없을 정도로 부상이 심각했고 아이들도 고통을 호소했다. 신고를 받고 출동한 소방관 케이시 레저드는 응급처치를 한 후 구급차를 기다렸다. 그 결과 단 한 명의 사망자 없이 모두를 병원으로 옮길 수 있었다.

하지만 문제가 생겼다. 병원으로 옮겨지고도 아이들과 어머니는 치료를 할 수가 없었다. 치료비 때문이었다. 그런데 이 가족에게 믿을 수 없는 일이 일어났다. 사고 현장을 수습했던 소방관 케이시는 불안과 아픔에 떨고 있는 4살배기 아이 곁에서 자신의 스마트폰으로 '넌 할 수 있다'라는 애니메이션 '해피피트'를 보여주며 아이를 진정시켰고 이 사진이 순식간에 사람들에게 퍼져나갔다. 그러자 많은 사람들이 이 가족을 돕기 위해 후원금을 모으기 시작했고 6천 5백 달러에 이르는 기부금이 모였다.

세상을 살다 보면 원하지 않지만 어느 순간 누군가에게 도움을 받을 일이 반드시 생기기 마련이다. 자신에게 그런 일이 닥쳤을 때 가장 먼저 드는 생각은 무엇일까. 누군가 단 한 명이라도 도와주는 사람이 있기를 바랄 것이다. 그럴 때 누군가가 도움의 손길을 내밀면 더없이 고마움을 느낀다. 세상은 살만한 곳이라는 생각으로 이어진다.

모든 종교 경전과 고전들은 가난하고 어려운 사람들에게 도움을 주어야 한다고 가르친다. 그것이 사랑이기 때문이다. 서로 돕고 사는 것은 세상을 따뜻하게 만들어주는 가장 큰 원동력이다. 그래서 톨스토이도 이렇게 말했다. "사랑을 통해 우리는 복된 삶과 더불어 세상에 나온 보답을 얻으며 세상의 머릿돌이 되는 것이다." "선한 일은 아무리 작은 것일지라도 행하라"는 명심보감의 가르침도 같은 맥락이다. 이 세상에서 가장 보잘 것 없는 사람에게 해준 것이 곧 나에게 해준 것이라는 성서의 가르침은 또 어떤가.

나무가 흔들리는 이유

자신으로 살아라, 위대함을 흉내 내지 말라.
가장 자기다운 모습으로 기꺼이 받아들여져라.　　- 사무엘 콜리 -

　　나무가 흔들리는 것은 스스로 흔들리는 것이 아니다. 비바람이 불면 흔들린다. 흔들리지 않는 나무는 죽은 나무다. 죽은 고사목은 바람이 불어도 흔들리지 않는다. 흔들린다는 것은 살아있다는 증거다. 흔들리지 않는 나무를 본적이 있는가. 또 다른 의미도 있다. 흔들린다는 것은 바람과의 끊임없는 줄다리기다. 비바람에 대처하는 유연함이 흔들림으로 나타난다. 유연함이 없는 나무는 부러진다.
　　삶에서도 흔들림은 일상적인 현상이다. 일상의 흔들림은 감정의 흔들림과 주변과의 관계에서 오는 흔들림으로 나타난다. 인간은 희노애락을 갖는 감정의 동물이다. 기분이 좋은 때는 행복감을 느끼고 그렇지 않을 때는 우울감이나 슬픔을 느낀다. 이런 감정변화는 자연스러운 것이다. 공포감이 없다고 생각해 보라. 위험을 미리 감지하고 피할 수 있겠는가. 외부와의 관계에서도 흔들림은 발생한다. 관계에서 오는 스트레스와 압력이다.

　스트레스와 압력은 우리의 외부에서 오는 비바람이거나 태풍과 같은 것이다. 외부에서 오는 스트레스와 압력에 흔들리는 것은 당연하다. 문제는 이런 스트레스와 압력에 대처하는 방식이다. 나무가 흔들리듯 우리도 흔들리지만 나무가 균형을 잡듯 우리도 삶 속에서 균형을 잡는 것은 중요하다. 삶에서 균형을 잃으면 많은 것들이 무너진다.

　삶에서 균형을 이룬다는 것은 두 가지의 의미다. '생각의 균형'과 실제적인 '생활의 균형'이다. 생각의 균형이란 삶을 보는 균형 잡힌 시각을 말한다. 근시안적인 시각으로 보는 경우도 많고 원시안적인 시각으로 삶을 보는 경우도 많다. 나무는 보는데 숲을 보지 못하는 경우도 있고 숲은 보고 나무를 보지 못하는 경우도 있다. 좌편향 시각에서 현상을 보는 경우도 있고 우편향 시각에서 보는 경우도 있다. 생각의 균형을 이루기 위해서는 식견을 넓힐 필요가 있다. 좁은 시각으로는 좁은 면만을 볼 수밖에 없다.

　생활의 균형이란 생활 속의 절제를 말한다. 지나치게 욕심을 부리지 않는 것, 탐욕을 경계하는 것, 극단적인 탐닉으로 중독에 빠지지 않는 것, 균형 잡힌 생활로 건강을 유지하는 것 등은 모두가 생활 속에서 균형을 이루는 것이다. 균형을 잃는다는 것은 삶의 붕괴를 의미한다. 도박에 빠진 사람들의 경우를 보자. 이들은 정상적인 생활이 어렵다. 도박장을 출입하면서 일확천금을 노린다. 잃은 돈을 만회하기 위해 더 많은 손실을 감수한다. 그런데 결과는 어떤가. 가정은 해체되고 삶은 피폐해진다.

나무가 흔들리는 것은 단순한 흔들림이 아니다. 생존을 위한 흔들림이다. 인간도 마찬가지다. 살아있는 사람이라면 흔들리지 않는 사람은 없다. 삶 자체가 흔들림의 연속이다. 그런 속에서 어떻게 균형을 잡느냐가 중요한 문제다. 이런 흔들림의 이치를 안다면 삶이 버겁다고 느낄 때 조금은 위로가 되지 않을까.

지금 현재가 주는 의미

인생을 사랑한다면 시간을 낭비하지마라. 인생은 시간이 모인 것이다. 　－프랭클린－

　반복되는 일상 속에서 시간의 중요성을 깨닫기는 쉽지 않다. 어제가 오늘이고 오늘이 내일인 것처럼 사는 것이 보통사람들의 모습이다. 시간의 가치는 시간이 덧없이 흘러가야 그 진정한 가치를 알 수 있다. 오늘이라는 시간을 당연하게 받아들이는 것은 어제도 그러했고 오늘과 같은 시간이 어김없이 내일 다시 올 것이라는 생각 때문이다. 시간은 그렇게 흘러간다.

　하지만 시간이 지나면서 어느 순간 그 가치를 깨닫는 때가 온다.

　미국의 노인학자 칼 필레머는 노년기의 사람들을 대상으로 인생에서 가장 소중한 30가지 교훈을 확인했다. 인생에서 가장 중요한 것이 무엇이었느냐는 질문에 사람들은 시간이라고 응답했다. 인생에서 쓸 데 없이 걱정하느라 시간을 허비한 것이 가장 후회스러웠다는 것이다.

　그의 책 『인생의 30가지 교훈』에는 직업을 찾을 때는 돈보다 행복을 찾도록 하고, 지금 상황이 좋지 않더라도 최선을 다하라는 내용이 있다. 아직 일어나지도 않은 일을 걱정하느라 시간을 허비한 것이 가장 후회스럽다는 말도 있다. 이런 말들은 우리 생활에서 새겨들을 만한 가치가 있다. 인생은 젊음의 연속만은 아니다. 세월이 가고 나이가 들면 시간이 얼마나 귀중한 것이었는지를 뒤늦게 깨닫게 된다.

　서양 속담에 "오늘은 어제 우리가 그토록 걱정했던 내일이 아니던가"라는 말이 있다. 과거는 어쩔 수 없는 것이지만 내일을 걱정하느라 현재까지 망쳐서는 안 된다는 말이다.

　인도의 간디도 "내일 죽을 것처럼 오늘을 살라"고 했다. 성녀 테레사 수녀도 "어제는 지난 것이고 내일은 미래다. 지금 우리에게 있는 것은 오늘이므로 이제 누리도록 하자"라고 현재의 중요성을 강조했다.

　로마 시인 호라티우스가 말한 '카르페 디엠(Carpe Diem)'은 시간의 중요성을 극적으로 잘 나타내 준다. '오늘을 붙잡아라'라는 말이다. '죽은 시인의 사회'라는 영화에 소개되어 더 유명해진 말이다. 지금 이순간이 중요하다는 것을 잘 나타내준다. 문제는 이 의미를 몰라서가 아니다. 머리로는 알지만 손과 발이 같이 움직여주지 않는 것이 문제다. 손과 발은 당장 편한 것을 좋아한다. 재미있는 일을 먼저 찾아간다. 이성의 브레이크가 작동하지만 감정의 관성이 더 크게 작용한다.

　그래서다. 게으름을 털어내는 것이 가장 중요한 문제다. 지금 이순간이 중요하다는 사실을 모르는 사람은 없다. 그런데도 시간이 속절없이 흐르고 나면 한결같이 시간을 허비했다고 말한다. 누구보다도 열심히 산 경우라고 해도 시간이 흐르면 후회하는 것이 인지상정이다. 그렇게 시간을 쓴 경우도 그럴 진데 "오늘만 날인가," "쇠털같이 많은 날"을 외치며 시간을 허투루 보낸 사람들은 어떨까. "후회는 늘 한 발짝 늦게 온다"라는 말이 그르지 않다.

진정한 용기

용기는 두려움이 없는 것이 아니라 두려움에 저항하고 그것을 극복하는 것이다. - 마크 트웨인 -

한 견습 비행사가 고공비행을 하고 있었다. 교관은 옆 좌석에서 지켜볼 뿐 아무런 말을 하지 않았다. 바로 그때 갑자기 불이 난 듯이, 한쪽 엔진이 연기에 휩싸였다. 교관은 비행기를 포기하려고 마음을 먹고 명령했다. "탈출하라." 그가 곧바로 조종석의 덮개를 열자 시속 700Km로 날고 있는 비행기 안으로 엄청난 강풍이 밀어닥쳤다. 견습 비행사가 탈출 버튼을 눌렀으나 작동이 되지 않았다.

문제가 생긴 것이 분명했다. 그가 혼신의 힘을 다해 옆으로 고개를 돌리는 순간 공포로 몸이 뻣뻣해졌다. 교관이 없어진 것이다. 교관은 강풍에 휩쓸려 버린 것 같았다. 견습 비행사에게는 신속하게 탈출하는 것만이 생존할 수 있는 유일한 길이었다. 그는 좌석 벨트를 풀기 위해 몸을 앞으로

굽혔다. 그때 교관의 장화가 눈에 띄었다. 돌아보니 교관이 의식을 잃고 조종석 뒤편에 쓰러져 있었다.

견습 비행사는 이제 어떻게 대처해야 할지를 몰랐다. 언제 비행기가 폭발하게 될지 모를 상황이었다. 그런데도 순간 그는 완전히 엉뚱한 결정을 하고 말았다. 탈출을 하지 않기로 마음먹은 것이다. 의식을 잃은 교관을 두고 탈출할 수가 없었기 때문이다. 1만분의 1밖에 없는 확률이었지만 그는 위험을 감수하기로 했다. 견습 비행사는 조종간을 움켜쥐고 하강하기 시작했다. 하강속도는 시속 8백, 9백 미터까지 올라갔다. 열려진 조종석 안의 온도는 영하 40도였다. 얼음같이 차가운 강풍에 눈꺼풀은 굳어 버렸고 눈동자는 움직이지 않았다.

비행기의 하강속도는 시속 1천 킬로미터에 가까워지고 있었다. 견습 조종사는 하강시간을 재면서 지면 가까이 왔다고 판단되었을 때 비행기를 수평으로 유지했다. 그는 관제탑을 불렀다. "여기는 견습 비행사, 앞을 전혀 볼 수가 없는 상황이다. 도움을 요청한다." 이때 응답이 왔다. "당신의 현 위치는 1천7백 미터 상공이다. 착륙하도록 안내하겠다." 관제탑에서는 비행기 속도를 낮추라고 지시했다. 다시 관제탑에서 목소리가 들려왔다. "이제 비행기가 활주로와 동일 선상에 놓여있다. 안개등을 켜라."

하지만 그는 안개등의 스위치를 찾을 수가 없었다. "침착하게 다시 한 번 선회하라. 스위치 위치를 정확히 알려 주겠다." 이어폰을 통해 목소리가 다시 들려왔다. 잠시 후 안개등이 켜졌고 그는 드디어 활주로에 들어섰다. 그런데 문제가 생겼다. 착륙하기 직전 비행기가 심하게 요동쳤다. 동시에 다시 속도를 올려 선회를 하든지, 동체로 착륙을 시도하든지 선택을 하라는 지시가 떨어졌다. 견습 조종사가 대답했다. "더 이상은 불가능합니다. 동체로 착륙을 하겠습니다." 잠시 후 비행기는 엄청난 불꽃을 일으키며 동체로 착륙을 했고 곧 바로 화염에 휩싸였다. 하지만 구조대가 즉시 두 사람을 구해냈다.

실제로 미국의 텍사스 상공에서 있었던 견습 조종사 로버트 월딩과 교관 조셉 가너의 이야기다. 진정한 용기란 아무리 급박한 상황이라고 해도 침착하게 이성적으로 판단하며 행동하는 것을 말한다. 사례에서 보듯 위험한 상황 속에서도 최선을 다해 꿋꿋하게 대처하는 것이다. 만일 견습 조종사가 교관과 비행기를 버리고 탈출했다면 모두 죽었을 것이다. 상황에 따라 온 힘으로 맞서려는 의지와 판단력이 바로 진정한 용기를 만들어 낸 사례다.

인간은 되어 가는 존재

사람들에게 가장 중요한 것은 자기 자신을 위해 무엇을 하느냐이다.   - 벤자민 프랭클린 -

　자아실현의 욕구가 없는 사람은 없다. 모든 인간은 자아실현을 위해 노력한다. 직장인은 더 나은 지위를 얻는 것을, 학문하는 사람들은 학문적 업적을 쌓는 것을 자아실현으로 생각한다. 직업을 선택할 때 중요하게 고려하는 요소도 자아실현의 요소다. 경제적으로 큰 돈을 벌 수 있다고 해도 그것이 자신의 자아실현과 거리가 있다면 선택하지 않는 경우도 많다.
　자아실현이란 자신의 모습을 완성해 가는 과정이다. 삶의 원동력과 에너지 역할을 한다. 자아실현의 욕구가 없다면 인간으로서의 존재의미를 상실하게 된다. 자아실현의 문제는 삶의 희망과도 맞닿아 있다. 희망이 없는 삶을 생각해 보라. 그런 삶이 한 인간의 삶으로서의 가치를 지닐 수 있겠는가. 생존에 필요한 기본적 욕구만 충족되었다고 해서 그 삶이 자아실현을 향해가는 가치 있는 삶이 될 수 있겠는가.

　심리학자 메슬로우(Maslow)에 의하면 인간의 5단계 욕구 중 자아실현의 욕구는 최상위 단계에 속한다. 모든 인간이 먹고 사는 문제만으로 만족하지 못하는 것도 이런 이유다. 이런 자아실현의 욕구는 인간과 동물을 구분하는 가장 중요한 특징으로 기능한다. 동물은 자아실현이란 것이 존재하지 않기 때문이다. 본능만 해결되면 모든 것은 만사 오케이다. 하지만 인간은 다르다. 교육을 통해 끊임없이 배우고 익히는 활동을 한다. "인간은 태어나는 것이 아니라 되어가는 존재"라는 의미도 같은 맥락이다.

　자아실현은 단순히 외형적인, 혹은 겉으로 드러나는 특정한 능력의 성취만을 의미하지는 않는다. 삶을 풍요롭게 만들어 줄 수 있는 내적, 질적인 부분도 포괄한다. 예컨대 할머니들이 한글을 배우면서 느끼는 성취감이나 배우지 못한 것이 한이 되어 만학을 하는 경우 등 다른 사람들이 보기에는 내놓을 만한 것도 아니지만 당사자에게는 유의미한 자아실현이 될 수 있는 경우는 수없이 많다.

　자아실현은 그것이 외적인 것이든, 내적인 것이든 꿈과 소망을 통해 현실로 완성해 가는 과정이다. 어려운 역경 속에서도 자신의 의지를 굽히지 않고 자신만의 꿈을 펼쳐 나가는 과정, 그 자체가 자아실현으로 가는 여정이다. 이런 과정에서 자신의 일을 사랑하고 자신의 일에 몰두할 때 그 속에서 자연스럽게 한 개인의 정체성도 만들어진다.

　결국 자아실현이란 한 개인의 긍정적인 내적 욕구가 땀과 노력을 통해 현실화되어가는 것을 말한다. 이런 점에서 모든 개인의 자아실현은 그 자체로 아름다움과 의미를 지닌다. 참고로, 필자는 외적으로 드러나는 성취를 '외적 자아실현', 겉으로 크게 드러나지는 않지만 한 개인의 삶을 풍요롭게 만들어주는 내적 성취를 '내적 자아실현'으로 칭한다. 물론 외적 자아실현과 내적 자아실현을 견주거나 비교할 수는 없다.

고통을 감내하며 성장하는 방법

남을 이기는 자는 강하다. 그러나 자기 자신을 이기는 자는 전능하다. － 노자 －

철학자 한병철의 『피로사회』에 의하면, 과거의 사회가 푸코적 의미의 규율사회이고 그 속에서 살아가는 인간이 복종의 주체라고 한다면 오늘날은 그 자리에 성과사회, 성과주체가 대신 들어선다. 마치 늘어나는 자기 자신의 지방질에 병들어가는 사람처럼 자기 자신을 뛰어넘기 위해 끊임없이 노력하며 그 과정에서 자신을 마모시켜 간다고 지적한다.

그는 더 나아가 규율사회에서 성과사회로의 전환, 타자 착취에서 자기 착취로, 성공학 개론서들이 당신 자신이 경쟁자라고 말할 때, 당신 스스로가 자기 자신의 자본가이며 착취자로 읽는다는 사실도 지적한다. 이런 점에서 그의 표현대로 우리 사회의 힐링 열풍이 '면역학적 수준'을 벗어나지 못했음은 분명해 보인다. 그럼에도 힐링의 문제가 긍정적이든 부정적이든, 개인적이든 집단적이든 필요하다면 해야 하지 않겠는가.

아이들도 힐링(치유)이 필요하다면 힐링을 해야 한다. 아프다고 외치는 청춘들도 필요하다면 치유해야 할 것이다. 전투하듯 살아가는 어른들도 힐링으로 아픔을 달랠 수 있어야 한다. 문제는 어떻게 힐링할 것인가의 구체성이다. 묘책을 내기란 쉽지 않다. 현재의 상황이 일거에 바뀌지 않는 이상 그렇다.

그래도 답을 찾아야 한다면 방법이 없는 것은 아니다. 가능한 한 긍정적 에너지로 전환시키려는 노력을 경주하는 것이다. 이런 것이다. 내공을 키울 필요가 있다. 흔히 '부러우면 지는 것'이란 말을 한다. 타자와 비교할 필요가 없다. 나는 나 자신일 뿐 내가 타자가 될 수도, 타자가 내가 될 수도 없다. 자기 나름의 색깔과 모습을 그대로 견지하면 된다. 도력이 높았던 옛 고승들이 바로 내공을 쌓았던 사람들이다. 물론 고승들처럼 도력이 높지 않아도 깨달음을 통해 어느 정도 흉내는 낼 수 있다.

진정한 쉼과 치우치지 않음에 대한 인식도 필요하다. "수고하고 무거운 짐 진 자들아, 다 내게로 오라. 내가 너희를 편히 쉬게 하리라." 이는 성경에 기록된 대로 종교적인 방법이다. 실제로 많은 사람들이 창조주를 통해 쉼을 얻는다. 종교적 귀의 까지는 아니어도 고통이나 환난, 어려움 가운데서 순간순간 위로를 받을 수 있다.

극단에 치우치지 않는 지혜도 있어야 한다. 부처께서 소나에게 물었다. "네가 출가하기 전에 음악가였다는 게 사실이냐?" 소나가 대답했다. "네, 그렇습니다." 부처께서 다시 물었다. "네가 타는 악기의 줄이 너무 느슨하면 어떻더냐?" 소나가 대답했다. "줄을 튕겨도 소리가 나지 않습니다."

"그럼 줄이 너무 팽팽하면 어떻더냐?" "끊어지고 맙니다."

고통을 감내하며 스스로 성장하는 경우는 더욱 좋은 방법이다. 정신의학자 스캇 펙(Scott Peck)은 고통스런 문제들을 건전하게 겪어내며 성장하는 방법을 다음과 같이 제시한다. 첫째, 즐거움을 나중에 갖도록 스스로 자제해야 한다. 둘째, 어떤 일이든 책임은 항상 자신이 진다는 생각을 해야 한다. 셋째, 진실에 헌신할 필요가 있다. 넷째, 모든 일에 균형을 유지하도록 노력해야 한다. 예컨대 맛있는 것을 가장 먼저 사람과 가장 늦게 먹는 사람 간에는 커다란 차이가 있다. 이런 차이는 현실에서 즐거운 일을 먼저하고 하기 싫은 일을 나중에 하는 모습으로 나타난다. 즐거운 일보다는 힘든 일을 먼저 해결할 필요가 있다는 의미다.

모든 열매는 성실과 노력의 결과

확실한 목표를 세워라, 그리고 그 일을 잘 해내는 것이야말로 진실로 가치 있는 인생을 만드는 길임을 깨달아라.   - 그렌빌 클레이저 -

 톡톡 튀는 아이디어와 창의력이 각광받는 시대에 아직도 성실과 노력을 강조한다면 뭔가 생각이 시대에 뒤떨어진 것은 아닐까. 그렇게 생각할 수도 있다. 하지만 모든 일이 그렇듯 노력 없이 성취가 가능할까. 만일 노력 없이 되는 일이 있다면 입속에 감이 우연히 떨어진 경우일 것이다. 공부도 마찬가지, 성실하게 노력하지 않으면 좋은 결과를 얻을 수 없다.
 필자가 항상 강조하는 한마디가 있다. "공부는 머리로 하는 것이 아니라 엉덩이로 하는 것"이란 권유다. 아무리 뛰어난 능력을 타고 났어도 성실하지 않으면 자신의 재능을 발휘하기 어렵기 때문이다. 이런 필자의 강조는 결코 교육적 수사나 구호가 아니다. 시간이 갈수록 더욱 굳어져 가는 경험적 확신이다. 실제로 인생 전반에서 성실과 노력은 아무리 강조해도 지나치지 않는다. 그것은 우리 모두의 경험이자 삶이 주는 겸허한 교훈이다. 만일 이런 교훈이 맞지 않다면 굳이 성실하게 노력할 이유가 없다. 차라리 한탕주의나 요행에 기대는 것이 더 현명할 것이다.

모든 열매는 성실과 노력의 결과로 나타난다. 창업 이래 한 번도 적자를 내본 적이 없는, 아메바 조직으로 유명한 교세라 그룹의 이나모리 회장도 이런 사실을 강조했다. 그에 의하면, 인생의 성공은 '태도×노력×능력'에 달려있다. 여기서 중요한 것은 세 가지 요소 중 능력이 가장 후위에 온다는 점이다. 능력보다는 태도와 노력이 더 중요하다는 의미다. 공부는 머리로 하는 것이 아니라 엉덩이로 하는 것이란 필자의 주장도 이런 맥락이다.

혹자들은 성공을 어느 한 순간에 이루어질 수 있는 것으로 생각한다. 기회만 잘 잡으면 가능하다고 생각하는 경우도 있다. 하지만 그런 예는 많지 않다. 있다고 해도 지극히 예외적인 경우다. 성공은 근면과 성실, 노력의 결과일 뿐이다. 결국 성실과 노력이라는 기본에 충실한 것이 자신을 성공으로 이끌어가는 지름길이란 것, 그래서 기본을 갖추는 것이 무엇보다 중요하다.

관건은 자신과의 싸움이다. 자신과의 싸움에서 이기면 성공한 삶이 된다. 패배하면 실패한 인생이 되기 쉽다. 이는 모든 보편적인 삶이 우리에게 가르쳐주는 가장 단순한 공식이다. 아무리 남의 떡이 커 보여도, 아무리 능력이 있어 보여도 성실하게 노력하는 사람을 당해 내기는 어려울 터, 토끼와 거북이의 우화도 그런 경우다. 발 빠른 토끼였지만 성실하게 자신의 페이스를 지킨 거북이가 결국 승리의 기쁨을 누리지 않았던가.

젊은 청춘들에게 들려주고 싶은 덕담은 이것이다. 거북이처럼 좀 느리다 해도 근면과 성실, 노력으로 얼마든지 자신을 극복할 수 있다는 것, 이런 과정을 통해 자신이 원하는 꿈을 이룰 수 있다는 강조다.

나의 땀에 의해 성취된 것이 아니면 진정 자신의 것이 아니란 인식도 있어야 한다. 이런 생각을 갖는 것이 건강한 삶의 태도다. 인내는 쓰지만 그 열매는 달다는 사실, 일희일비하지 않는, 그러면서도 끈기와 노력이 있어야 한다는 평범하지만 진리와도 같은 경구들을 기억해야 한다. 그것만이 자신의 삶과 인생을 책임지는 최선의 지름길이다. 사회경제적 불평등의 차이를 극복할 수 있느냐는 그다음 문제다.

겉모습으로 판단하지 말라

진정한 지혜는 최고의 가치가 무엇인가를 아는 것이다.
그리고 가치 있는 일을 하는 것이다.　　– 에드워드 포터 험프리 –

　새의 아름다움은 깃털에 있고 사람의 아름다움은 마음에 있다는 말은 옛말이 된지 오래다. "어머니 날 낳으시고 성형외과 원장님이 날 만드셨네"라는 말이 회자되는 것을 보면 외모가 경쟁력인 시대인 것은 분명하다. 이런 사실은 일상에서도 쉽게 확인할 수 있다. 사람들은 잘 생기거나 귀여운 아이들을 보면 잘 생겼다고 칭찬을 하지만 그렇지 않은 아이들에게는 듬직하게 생겼다는 식으로 에둘러 표현한다.

　아이들뿐이랴, 어른들도 외모가 아름다운 사람들을 좋아한다. 누가 더 아름다운 얼굴인가를 겨루는 동안대회와 미인대회라는 것도 있다. 정치에서도 외모가 수려한 정치인들은 사람들의 주목을 한 몸에 받는다. 특히 예쁘고 젊은 여자들은 결혼이나 직장생활에서도 인기가 높다. 예컨대 회사에서는 같은 조건이라면 외모를 보고 채용할 가능성이 크다. 임금도 더 많이 받는다. 일상생활에서도 프리미엄이 있다.

실제로 미국의 해머메시(D. Hamermesh) 교수는 미국 노동시장에 '외모효과'가 존재한다는 사실을 밝혔다. 그의 분석 결과에 의하면, 평균 이상 외모를 가진 사람은 여성의 경우 8%, 남성의 경우 4% 정도의 임금 프리미엄을 받았다. 반대로 외모가 좋지 않은 사람은 여성의 경우 4%, 남성의 경우 13%가량의 임금 페널티를 받는 것으로 나타났다.

우리나라에서도 EBS 방송에서 실험을 했다. 결과는 흥미로웠다. 미모의 젊은 여성과 그렇지 않은 여성이 같은 상황에서 교통사고를 냈어도 상대방 운전자의 반응이 크게 달랐다. 미모의 여성에 대해서는 매우 우호적인 반응을 보인 반면, 그렇지 않은 경우에는 비우호적인 태도를 보였다. 경미한 사고인 경우 미모의 여성에게는 배상의 책임을 묻지 않았지만 후자의 여성에게는 배상을 요구했다.

외모가 아름답다고 해서 마음 속까지 아름다울까. 부처의 가르침에 답이 있다. 부처의 제자 가운데 민망할 정도로 추하게 생긴 비구가 있었다. 그는 늘 외모 때문에 다른 사람들로부터 놀림을 받았다. 어느 날 사람들은 못생긴 비구가 온다면서 모두 고개를 돌리고 업신여기려 했다.

그러자 부처께서 제자들을 불러 조용히 타일렀다. "너희들은 저 못생긴 비구를 업신여기거나 따돌리지 말라. 저 비구는 모든 번뇌가 다하고 할 일을 마친 사람이다. 모든 결박에서 벗어났으며 바른 지혜로 마음의 해탈을 얻었다. 그러므로 너희들은 외모만 보고 사람을 함부로 평가하지 말라.

부처께서는 이어 그 외모가 못생긴 비구를 이렇게 평가했다. "얼굴이 잘 생겼다 하더라도 지혜가 없다면 어디에 쓸 것인가. 저 비구는 비록 얼굴은 추하지만 마음이 지혜로운 사람이다. 그러므로 외모만 보고 사람을 업신여기지 말라. 모든 번뇌에서 벗어난 저 비구야말로 최고의 장부니라."

부처께서 또 이렇게 말했다. "나타난 형상과 겉모습으로만 그 사람의 선악을 말하지 말라. 잠깐 동안 사귀어 보고서 마음과 뜻을 같이 하지 말라. 원래 겉모습에는 사람의 속이 잘 드러나지 않나니 그것은 마치 놋쇠를 순금으로 도금한 것과 같은 것이다."

많은 사람들이 내면보다는 외모를 더 중시한다. 그런 이유겠지만 성형수술을 하고 피부 관리를 하며 외모를 가꾸는 데 많은 시간과 돈을 투자한다. 물론 오늘날과 같은 자기관리 시대에 외모를 잘 관리하는 것을 탓할 수는 없다. 그러나 외모보다 중요한 것은 그 사람에게서 풍기는 은은한 향기다. 내면이 아름답지 않다면 겉모습이 아무리 그럴듯해도 냄새가 나기 마련이다. 직원을 채용하거나 배우자를 만날 때도 내면을 더 중시한다면 후회란 존재하지 않을 것이다. "육신의 아름다움은 한순간이지만 내면의 아름다움은 죽는 날까지 풍긴다"는 말도 그런 맥락이다.

모든 것은 의지와 도전의 문제

열정의 핵심은 바로 의지다. 열정은 세대를 불문하고 기적을 일으킨다.
위대한 행동의 원동력이 되는 힘과 그것을 지탱하는 힘은 어디에나 있다. － 사무엘 스마일스 －

"무엇이 나를 움직이게 하는가. 타오르는 내 열정의 정체는 무엇인가. 마지막 남은 에너지를 쏟고 싶은 일을 하라. 그것이 당신의 삶에 열정이 흐르게 해줄 테니까. 자신의 일에 대한 철학이 없으면 그 일은 고통이나 마찬가지다. 움직이고는 있지만 몸만 움직일 뿐, 마음은 다른 곳에 가 있기 때문이다." 우리나라 젊은이들이 가장 닮고 싶어 하는 인물 중의 한 사람인 한비야의 말이다. 그녀는 국제기구에서 구호활동을 활발하게 하고 있는 의지와 도전의 아이콘이다.

고)김수환 추기경은 옹기를 굽는 가난한 집안의 막내아들로 태어난 비전 없는 시골소년에 불과했다. 신학교에 들어가 신부가 되면 밥은 굶지 않을 것이라는 생각으로 신학교에 들어갔다. 하지만 그는 47세라는 젊은 나이로 우리나라 최초이자, 최연소 추기경이 되었고 민주화에 커다란 공을 세우는 업적을 남겼다. 김수환 추기경 역시 그의 강한 의지가 그렇게 만들었다.

마틴 루터 킹은 흑인들의 인권을 위해 싸운 선구자로 유명하다. 하지만 그는 매우 힘든 어린 시절을 보냈다. 링컨 대통령이 노예를 해방하자 몇 개 되지 않는 흑인학교에 들어가기 위해 온갖 수모를 겪어야만 했다. 백인 여교사에게 흑인은 지저분하다며 쫓겨나기도 했고 기숙사비와 학비를 벌기 위해 새벽 4시에 일어나 일을 했다. 교사들은 이런 모습을 보면서 그의 꺾이지 않는 의지와 열정에 감탄했다.

미국의 유명 사회자인 오프라 윈프리는 미시시피주의 가난한 판잣집에서 태어났다. 한때는 사생아, 흑인, 성폭행, 미혼모라는 수식어가 그녀를 따라다녔지만 세계적으로 인정받는 성공한 여성이 되었다. 그녀는 경제적으로도 성공했으며 자선사업과 봉사활동으로 사회에 많은 공헌을 하고 있다. 그녀가 불우한 환경을 딛고 일어설 수 있었던 것은 어려움을 극복하고야 말겠다는 의지와 삶에 대한 도전이었다.

위의 경우뿐이겠는가. 모든 인생의 성패는 의지와 도전의 문제다. 생각해보라. 세상에 의지와 도전 없이 되는 일이 있겠는가. 의지는 자신의 뜻을 이루고야 말겠다는 굳은 신념이다. 이 신념이 어려움을 극복하게 만드는 에너지로 작용한 결과다. 아무리 극복하기 어려운 역경과 고난이 닥쳐도 흔들리지 않는 확고한 의지만 있으면 얼마든지 견딜 수 있다. 삶의 성공 여부는 의지에 의해 결정된다는 결론이 자연스럽게 나온다.

아이스크림 통에 빠진 개구리 우화를 들어본 적이 있는가. 어느 날 개구리 두 마리가 아이스크림 통에 빠졌다. 이들은 통에서 빠져나오기 위해 온 힘을 다해 뛰어올랐다. 그러나 번번이 미끄러지고 말았다. 급기야 공포에 빠져버린 한 개구리는 탈출을 포기했지만 다른 개구리는 끝까지 포기하지 않았다. 수 없는 시도 끝에 문득 발바닥에 무엇인가 닿는다는 것을 느꼈다. 아이스크림 속에 들어있던 버터 덩어리였다. 이 개구리는 이 버터 덩어리를 디딤돌 삼아 통 속에서 무사히 빠져 나올 수 있었다.

하늘은 스스로 돕는 자를 돕는다고 했다. 스스로 강한 의지가 있을 때 도움이 찾아온다는 것이다. 상황이 아무리 어려워도 미리 겁을 먹고 포기할 필요는 없다. 포기한 개구리와 포기하지 않은 개구리는 서로 운명이 갈렸다. 포기하지 않으면 길은 반드시 열린다. 시도해보기도 전에 미리 포기하는 것이 문제다.

소소한 일상도 중요하다

어떤 것도 위대함만큼 단순하지는 않다.
사실 단순해진다는 것은 위대해 진다는 것이다. - 랄프 월도 에머슨 -

"디테일은 힘이 강하다." 디테일 문제를 연구하는 왕중추는 사소함의 중요성을 이렇게 강조했다. 그의 책 『디테일의 힘』에 의하면 디테일은 남들이 보지 못하는 것, 남들의 시선이 미치지 못하는 부분까지 보는 능력이다. 예컨대 "중국에서는 복어를 먹고 병원에 실려 가거나 사망하는 사람의 수가 한해에만 수천 명에 이른다. 반면 중국보다 복어를 더 즐겨 먹는 일본에서는 복어를 잘못 먹어 사망하는 사고가 거의 발생하지 않는다. 왜 이런 차이가 나는 것일까."

왕중추는 이런 차이를 디테일의 차이로 본다. 사소한 것에 대한 관심이 이런 결과를 만든다는 것이다. 디테일은 모든 면에서 중요하다. 디테일은 일견 1퍼센트를 차지할 뿐이지만 그 1퍼센트는 단순한 1퍼센트가 아니다. 최적의 입지점을 찾는다고 가정해보자. 일반적으로는 접근성, 배후지, 사람들의 동선, 지대(rent), 위치 등을 중요한 요소로 생각할 수 있을 것이다. 하지만 이것만으로는 충분하지 않다. 디테일이 빠져있기 때문이다. 사람들의 선호도, 성장 가능성, 대체재나 보완제의 유무 등 세세한 부분들이 동시에 고려되어야 한다.

디테일의 문제는 삶에서도 중요하다. 삶은 소소한 일상들의 연속으로 이루어진다. 예컨대 자녀의 출산, 성장, 입학과 진학, 결혼, 이웃과의 관계, 계절의 변화 등 이런 속에서 의미와 가치를 부여하는 것은 삶의 행복과 밀접한 관련이 있다. 아이가 건강하게 자라는 모습을 통해 우리는 행복을 느낀다. 입학과 진학하는 모습을 통해 기쁨을 공유한다. 꽃이 피고 단풍이 드는 모습을 보면서 나이 듦의 의미를 느끼게 된다. 바로 이런 것들이 일상 속에서 작지만 크게 느낄 수 있는 행복이다.

큰일을 한다고 생각하는 사람들일수록 일상의 작은 일들을 과소평가한다. 사회적으로 성공한 사람들이라 할지라도 작은 행복을 놓친 경우는 수없이 많다. 유명 정치인들, 권력자들, 부를 축적한 사람들 중에 부모자식 간의 관계를, 부부 간의 관계를, 친구 간의 관계를 잃어버린 경우들이 얼마나 많던가. 명예를 얻었지만 자식과의 관계를 잃었다면 무슨 소용이 있겠는가. 권력을 얻었지만 배우자와의 관계를 잃었다면 무슨 의미가 있을까. 부를 얻었지만 형제 간의 우애를 잃었다면 무슨 소용이 있겠는가. 삶이 아름답다고 말할 수 있다면 그 일상의 소소함이 행복했다는 의미다.

삶은 각각의 구슬들이 모여 만들어진 하나의 목걸이다. 목걸이를 이루는 각각의 구슬은 바로 소소한 부분들의 하나하나인 셈이다. 이런 부분들이 모여 결국 인생이라는 실에 꿰인 하나의 완성된 목걸이가 된다. 인생이란 목걸이는 하나의 구슬로만 만들 수는 없다. 작지만 그것에 의미를 부여하고 가치를 찾는 것은 행복을 위해 중요한 일이다. 소소한 일상이 배제된 삶, 그 삶이 어떻게 행복할 수 있겠는가.

진실은 진실 자체로 존재한다.

가장 밝은 빛도 어두움이 있어야만 비로소 그 존재를 인정받는다.　　－존 틴델－

　　상대방이 믿을 만한 사람인지의 여부는 그의 행동과 진실성으로 알 수 있다. 한 젊은 변호사가 사무실을 개업했다. 그는 사람들에게 대단한 인상을 주기 위해 근사한 전화기를 구입했다. 전화는 아직 가설되지 않은 상태로 책상위에 놓여 있었다. 그때 첫 번째 손님이 왔다. 젊은 변호사는 일부러 그를 기다리게 하면서 큰 목소리로 통화를 시작했다.
　　"아, 여보세요. 김 변호사인데요. 그 건은 누구도 해결하기가 어려웠던 사건입니다. 지검장 출신 변호사도 해결하지 못한 것을 내가 해결했습니다. 성공보수는 그쪽에서 알아서 주기로 했습니다." 변호사는 의기양양한 표정으로 전화기를 내려놓고 손님을 보며 물었다. "어떻게 오셨나요." 그러자 손님으로 보이는 사람은 당황한 듯 대답했다. "아이고, 실례했습니다. 사무실을 잘못 찾아 온 것 같습니다. 저는 전화기를 연결하려고 왔는데요."

암스테르담 올림픽에서 프랑스 펜싱 선수 고댕과 이탈리아 선수가 결승경기를 했다. 그런데 이탈리아 선수의 팔이 약간 길어 프랑스 선수가 불리한 상황이었다. 이런 약점을 잘 알고 있던 프랑스 선수는 더 공격적으로 경기를 펼쳤다. 이때 누가 먼저랄 것도 없이 두 선수가 번개처럼 공격과 방어를 주고받았다. 판정하기가 매우 어려운 상황에서 심판은 프랑스 선수의 손을 들었다. 그러자 프랑스 선수 고댕이 심판들 앞에 나서 말했다. "제가 스쳤습니다. 이탈리아 선수의 우승입니다." 심판들은 프랑스 선수에게 유리한 판정을 내렸지만 고댕은 금메달보다 진실을 담은 은메달을 선택했다.

어느 날 아들과 함께 간디를 찾아 온 어머니가 있었다. "선생님, 도와주세요. 제 아들이 설탕을 너무 좋아해요. 건강에 나쁘다고 아무리 타일러도 제 이야기는 듣지 않아요. 그런데 제 아들이 선생님께서 끊으라고 말씀해주시면 끊겠다는군요." 간디는 소년의 어머니에게 말했다. "도와드리지요. 하지만 보름 뒤에 다시 데려오세요."

더 이상 간청할 수 없었던 어머니는 보름 뒤 아들을 데리고 다시 간디를 찾아왔다. 간디는 소년에게 말했다. "얘야, 설탕을 많이 먹으면 건강을 해치니 먹지 않는 것이 좋겠구나." 설탕을 먹지 않겠다고 약속한 아들을 보며 어머니는 간디에게 물었다. "보름 전에 찾아왔을 때 말해주지 않고 왜 이제야 말해주시는 건가요." 간디는 어머니에게 이렇게 말했다. "사실 저도 설탕을 좋아했습니다. 보름 전에도 설탕을 자주 먹고 있었기 때문에 설탕을 먹지 말라고 하기 전에 제가 먼저 끊어야 했습니다." 진실은 거짓과 양립할 수는 없다. 그것이 진실만이 갖는 가장 큰 특징 중의 하나다. 진실은 조작한다고 해서 만들어지는 것도 아니다. 진실은 진실로 존재할 뿐이다. 젊은 변호사가 아직 가설되지도 않은 전화기를 들고 의뢰인을 속이려고 했던 것은 진실이 아니다. 프랑스 선수가 상대방의 칼끝이 자신을 스쳤다는 사실을 밝히지 않고 넘어갔다면 그것도 진실이 아니다. 간디도 자신에게 스스로 진실하고자 했던 경우다. 때론 진실이 눈에 보이진 않지만 언제 어디서나 힘이 센 것이 진실이다.

우리 모두 욕망의 전차를 타다

욕구를 없애면 영혼도 사라진다.
열정이 없는 사람에게는 행동의 원칙은 물론 행동하고자하는 의욕도 없다.　　　- 아드리언 헬베티우스 -

　　과거 농경사회에서는 생존에 필요한 모든 것들을 각자가 스스로 해결했다. 오늘날의 대중소비와는 전혀 관련이 없었다. 이 같은 단순성은 생활의 단순성으로, 사회의 단순성으로 이어졌다. 오직 필요만이 생활 속에서 생산을 이끌어내는 주요 동인이 되었다. 하지만 사회는 산업화와 함께 완전히 다른 패러다임으로 바뀌었다. 곳곳에 만들어진 공장들은 무시무시한 속도로 상품들을 쏟아내고 그렇게 만들어진 상품들은 그럴듯한 포장을 거쳐 우리 곁으로 다가왔다.

　　이런 환경변화는 단순히 우리 삶의 외형만을 바꾼 것은 아니다. 가치관은 물론 사물을 보는 눈까지 변화시켰다. 내면의 정신적인 가치보다는 외적인 물질적인 가치를 중시하는 사회를 만들었다. 자본주의 사회에서는 생산과 소비가 분리되고 시장에서는 모든 것이 상품이 된다. 이런 특성상, 욕망하는 대상은 곧바로 소비로 연결되는 특징을 가진다. 소비력에 따라 철저히 사람들의 위계까지 결정된다.

여가생활도 소비와 밀접한 관련성을 가진다. 심지어 인간의 몸조차도 화폐경제의 수단으로 전락시킨다. 이뿐이랴. 몸의 상품화, 전통과 역사의 상품화, 문화의 상품화 등 수없이 많다. 이런 변화는 일상의 삶에서 물질의 풍요로움을 삶의 풍요로움으로 치환하려는 시도로 나타난다. 페미니스트 리타 펠스키에 의하면, 오늘날 소비주의 문화는 도덕적, 종교적 권위를 무시한 채 소비자 자신의 욕망을 만족시키도록 조장한다.

교육도 예외는 아니다. 교육소비, 수요자 교육, 교육소비자. 교육소비비율, 교육소비 욕구 등의 용어들이 더 이상 낯설지 않다. 물론 여기서 언급하고 있는 교육과 소비의 문제는 교육내용에 대한 본질적인 부분을 말하는 것은 아니다. 교육이 이루어지는 과정, 혹은 수단적인 교육에 무게를 둔다는 의미다. 그럼에도 이런 경향성이 현실적으로 교육의 본질과 완전히 유리된 것이라고 말하기는 어렵다.

'풍요로운 사회'에서 인간관계는 과거와 달리 타자와의 관계가 아닌 사물과의 관계에 의해 영향을 받는다. 이러한 상황은 더 새로운 상품에 의해 자극을 받으며 유행으로 번져간다. 사람들은 다시 유행을 따라 더욱 사물의존적인 존재가 된다. 이는 상품의 유용성 때문이 아닌, 유행 혹은 이미지에 의해 구매하게 되는 현대인들의 속성을 잘 나타내주는 현상이다. 모두가 소비를 욕망하는 현대 사회의 특징이다.

오늘날의 이런 소비 형태는 사회·문화적인 현상으로 나타나고 있다.

일상에서 나타나는 소비는 필요에 의한 것이 아닌 유도된 소비라는 것이다. 이런 상황에서 교육도 혼란을 겪을 수밖에 없다. 소비 지향적인 방향으로 갈수록, 비인간적, 비인성적으로 갈수록 인성교육은 더욱 중요성을 가진다는 의미다. 이런 점에서 갈수록 인성교육의 중요성을 강조하는 것은 우연이 아니다.

따뜻한 마음은 소통의 촉매제
한결같이 남을 배려하는 습관은 너에게 더 큰 행복을 가져다줄 것이다. - 그렌빌 클라이저 -

먼저 퀴즈 하나 풀어보자. 맛없는 기내식이 더 나쁠까, 웃지 않는 승무원이 더 나쁠까. 답은 웃지 않는 승무원이다. 2000년 데이빗 닐먼(David Neeleman)은 '제트 블루'라는 최저가 항공사를 설립했다. 그는 저가 항공이라고 해서 최소한의 서비스만을 제공해야 하는 건 아니라고 생각했다. 그래서 따뜻한 기내식은 제공하지 못하지만 대신 승무원들에게 최대한 미소를 짓도록 교육했다.

결과는 놀라웠다. 승객들이 모두 감동했다. 간단한 스낵만을 제공했지만 따뜻한 미소로 승객들을 감동시킨 결과였다. 실제로 승객들은 기내식의 질에는 크게 신경을 쓰지 않았다. 다른 항공사의 직원들은 마지못해 인사를 한다고 생각한 반면, 제트 블루 항공사의 직원들은 성의 있는 서비스를 제공한다고 생각했다. 승객들은 따뜻한 기내식대신 승무원들의 미소를 원했던 것이다.

　이런 사례는 우리의 일상생활에서도 시사하는 바가 크다. 소통을 원활하게 할 수 있는 단서가 있기 때문이다. 무조건 웃어주어야 한다는 의미가 아니라 우리의 주변 사람들, 예컨대 부모와 자식 간, 이웃 간, 혹은 사제 간에 소통을 위해 노력해야 한다는 얘기다. 승무원들의 미소는 승객과의 소통을 위한 촉매제 역할을 했다. 맛없는 기내식은 물적 소비의 대상에 불과했지만 승무원들의 진심 어린 미소는 소통의 통로였기 때문이다. 승객들은 바로 이런 마음의 소통을 원했던 것이다. 따뜻한 기내식이 아니어도 기내식보다 더 따뜻한 마음을 높이 샀던 결과다.

　모든 인간관계에서 소통은 매우 중요하다. 말을 한다고 해서 모두 소통이 되는 것은 아니다. 소통은 한마디로 관계의 형성이다. 예컨대 교사와 학생이 소통하지 않는다면 진정한 교육으로 보기 어려울 것이다. 소통은 학생들의 눈높이에 맞춰 한 걸음 다가서는 일이다. 학생들이 교사의 눈높이에 맞추는 것이 아니라 교사들이 학생들의 눈높이에 맞춰야 한다는 것이다. 현장에서 발생하는 대부분의 문제들은 교사와 학생 간, 눈높이 차이에서 발생하는 문제들이다.

　제트 블루 승무원들의 사례에서 보듯 마음이 열리면 소통이 된다. 소통이 되면 서로의 감정이 교류하기 시작한다. 가정에서도 마찬가지다. 부모가 아이들의 눈높이에 맞춰야 아이들이 마음을 연다. 질풍노도의 사춘기를 지나는 시절 아이들의 눈높이에서 생각하고 이해하는 것이 우선이다. 부부 간에도 그렇다. 소통이 되지 않는 부부관계를 생각해보라. 원만한 가정이 꾸려지겠는가. 자신의 마음을 먼저 열고 다가서는 것이 소통의 첫걸음이다.

네 가지의 '선(善)'

모든 학문과 탐구, 모든 활동과 추구는 어떤 선을 향한다.　　- 아리스토텔레스 -

"낙견선인(樂見善人), 낙문선사(樂聞善事), 낙도선언(樂道善言), 낙행선의(樂行善意)." 명심보감의 정기편(正己篇)에 나오는 강절소(康節邵)의 권면이다. 네 가지 '선(善)'을 즐겨해야 한다는 내용이다. 이 네 가지 선함을 즐길 수 있다면 실로 군자, 즉 신사가 될 수 있다는 것이다. 일종의 신사가 갖추어야 할 덕목을 말한 셈이다. 소강절은 송나라 때의 학자다.

첫째, '낙견선인'은 '선한 사람을 즐겨보라'는 말이다. 왜 강절소는 선한 사람 보기를 즐겨하라고 했을까. 선한 사람을 보아야 자신도 선한 사람이 될 수 있기 때문이리라. 선한 사람을 자주 보아야 자신도 좋은 영향을 받는다. 주변 사람들이 선한 사람들이 아니고 악한 사람들이 많다면 자신도 모르게 영향을 받을 수밖에 없다. 친구가 있으면 그중에는 반드시 좋은 친구 세 사람과 나쁜 친구 세 사람이 있다는 부처의 가르침도 같은 맥락이다. 한마디로 좋은 친구를 가려서 사귀라는 것이다.

둘째, '낙문선사'는 '선한 일 듣기를 즐겨하라'는 의미다. 어디에서 누구든 선한 일을 한다는 소리를 들으면 이를 기뻐하고 즐거워하라는 것이다. 좋은 일은 같이 나누면 기쁨이 배가 된다. 비록 그것이 작은 것이라도 이를 마땅히 기뻐해야 한다는 강조다. 우리는 누군가가 험담을 시작하면 기다렸다는 듯이 동조한다. 오히려 여러 가지 덕이 되지 않는 이야기까지 보태는 경우도 많다. 칭찬이 인색한 우리 사회에서 더욱 새겨들어야 할 대목이다.

셋째, '낙도선언'은 '선한 말을 즐겨하라'는 말이다. 누구나 듣기 좋은 선한 말을 하기는 쉽지 않다. 먼저 판단하기를 좋아한다. 욕설과 비방은 쉽게 튀어나오지만 칭찬은 잘 나오지 않는다. 소이부답(笑而不答) 하는 사람, 즉 험담을 들었을 때 말없이 웃을 뿐, 더 이상 반응하지 않는 사람, 누군가를 칭찬하면 적극적으로 반응하고 지원해주는 사람은 찾아보기 어렵다. 험한 말, 욕설, 비방하는 말을 하지 말아야 한다는 경계다.

넷째, '낙행선의'는 '선한 뜻 행하기를 즐겨하라'는 것이다. 선의(善意)는 선의를 낳고 악의(惡意)는 악의를 낳는다. 모든 일에는 하고자 하는 뜻이 있다. 악의를 가지고 한다면 그 결과는 악으로 끝날 것이며 선의로 행하면 그 결과도 선할 것이다. 선의로 행하며 기뻐하는 것이 몸에 배야 한다는 가르침이다. 남에게 유익을 줄 수 있는 것이 무엇인지 생각하며 그것을 행할 수 있다면 그것도 좋은 일이다. 예컨대 1일1선(一日一善)을 행한다면 어떨까.

진정한 따뜻함은 내 안에서 찾는 것

마음의 평온은 지혜의 아름다운 보석 중 하나다. 그것은 자기통제를 위해 오랜 기간 인내심을 갖고 노력한 결과이다.   - 제임스 앨런 -

 칸 영화제에서 주목한 개막작이자, 일본을 강타한 영화가 있다. '앙'이라는 영화다. 흔히 "앙꼬 없는 찐빵"이라고 말할 때의 그 앙꼬의 의미다. 앙이란 앙꼬란 말과 같은 뜻으로 쓴다. 이 영화는 따뜻하고 뭉클한 단팥처럼 달콤하면서도 많은 여운을 남긴다.

 일본의 전통 단팥빵인 '도리야키'를 만들어 파는 가게주인 '센타로'에게 '도쿠에'라는 할머니가 찾아온다. 마음을 담아 정성스럽게 만든 할머니의 팥소 덕에 도리야키는 날로 인기를 얻는다. 하지만 단골 소녀의 실수로 할머니가 한센병을 앓았던 사실이 알려지면서 예상치 못한 이별이 찾아온다.

 도쿠에 할머니는 한센병 요양소로 다시 돌아간다. 하지만 도쿠에 할머니의 따뜻한 마음을 잊지 못해 센타로와 단골 소녀는 요양원에 찾아가, 할머니의 삶에 관한 이야기를 담담하게 듣는다. 그 담담함에서 묻어나는 향기와 따뜻함은 가게 주인 센타로와 소녀에게 커다란 힘이 된다. 이후 두 사람은 다시 삶의 현장으로 돌아와 내적 충만함을 찾는다.

세상이 달콤한 단팥빵 같은 세상이라면 얼마나 좋을까. 사람들은 각자가 처한 위치에서 각자에게 주어진 모습으로 살아간다. 그 모습은 행복한 모습일 수도 있고 그렇지 않은 모습일 수도 있다. 시련을 겪는 모습일 수도 있고 평탄한 길을 가는 모습일 수도 있다. 어떤 모습이 되었든, 그 안에 따뜻함이 있다면 그 삶은 표면적으로 나타나는 것처럼 그리 시리거나 건조하지는 않을 것이다.

우리의 일상이 늘 시리고 건조한 것만은 아니다. 이 의미는 우리가 추구하는 모든 것들이 일상 속에만 존재하는 것이 아니라, 우리의 마음속에 숨어 있다는 것이다. 이미 있는 것을 발견하고 느끼는 것이 중요하다는 메시지다.

내적인 것과 외적인 것은 상호 연결되어 있다. 사물과의 관계에서도 우리의 내적인 태도가 드러난다. 꽃을 보고 아름답다고 느낄 수 있는 것은 물리적인 꽃의 생김새라기보다는 우리의 마음이다. 이름 없는 들꽃도, 하찮은 생명도 귀하게 보이는 것은 바로 우리의 내면이 아름답기 때문이다.

마음을 따뜻하게 하는 것도 우리 마음의 온도다. 피부가 느끼는 온도와 마음이 느끼는 온도는 다르다. 지금 이 순간을 '그래'라고 긍정하면 그만이다. 과거도 미래도 우리 안에 존재하는 현재다. 우리는 생각의 초점을 과거에 맞추는 경우가 많다. 이런 초점을 자신의 내부로 돌리면 사람과 사물이 달라져 보이기 시작한다. 주인공 센타로는 과거에 맞추어 놓았던 삶의 초점을 현재로 돌렸고 자신의 내면에서 따뜻함을 찾았다. 그래서 그는 사람 많은 길가의 노점에서 부끄러워하지 않고 크게 소리칠 수 있었다.
"따뜻하고 달콤한 단팥빵 사려."

비교하려거든 자신과 비교하라

타인의 시각으로 자신을 볼 수 있는 힘은 신이 주신 귀한 선물이다.　　– 로버트 번스 –

　　어린 시절 열등아였던 아인슈타인은 다른 아이들과 비교가 되어 주변으로부터 많은 놀림을 받았다. 하지만 15세 때 그는 이미 뉴턴이나 스피노자, 데카르트 같은 철학자의 책들을 읽고 있었다. 아무도 눈치를 채지 못했다. 그러나 그의 어머니는 이런 사실을 알고 있었다. 만약 비교하기만 좋아하던 주변 사람들만 있었다면 오늘날의 아인슈타인은 존재하지 않았을 것이다. 아인슈타인의 어머니는 아들을 주변과는 비교하지 않았다.

　　신은 모든 사람에게 각각의 달란트를 주었다. 글을 잘 쓰는 사람이 있는가 하면, 수리적인 재능을 보이는 아이가 있다. 그림을 잘 그리는 아이가 있는가 하면, 체육을 잘하는 아이가 있다. 체육보다는 음악적 영재성을 타고난 아이들도 있다.　부모의 역할은 다른 것이 아니다. 자녀의 개성과 재능을 발견하고 그 재능이 잘 발현될 수 있도록 돕는 것이다. 그것이 진정 자녀를 사랑하고 아끼는 일이다.

주변의 타자녀(他子女)들과 비교하면서 아이들을 채근하는 것만이 부모의 역할은 아니다. 비교하고 싶다면 주변과 비교하지 말고 자자녀(自子女) 자신과 비교할 수 있도록 하라. 예컨대 자신과 비교하여 어제보다 오늘의 삶이 나아졌다면 그것은 바람직한 일이다. 작년의 삶보다 올해의 삶이 발전했다면 그런 비교는 긍정적이다. 열심히 공부하지 않았던 아이가 지금 이 순간 열심히 공부한다면 그것 역시 바람직한 비교다.

자녀들도 마찬가지다. 바람직한 비교는 주변에 빗대는 것이 아닌 자신의 삶 과정과 비교하는 것이다. 이런 비교를 통해 어제의 삶보다는 오늘의 삶이 더 나아질 수 있어야 한다. 모든 삶은 한 순간으로 끝나지 않는다. 많은 순간과 매듭들이 이어져 삶을 이룬다. 학창시절의 삶, 과거의 삶, 직장생활에서의 삶, 군대생활에서의 삶 등이 연결되어 현재 자신의 삶이 만들어진다.

중요한 것은 이런 과정 속에서 그대로 주저앉지 않는 것이다. 때론 힘들고 때론 좌절하지만 그래도 포기하지 않고 다시 일어서는 것이 삶이며 인생이다. 누군들 힘들지 않은 삶이 있겠는가. 나 혼자만 그런 것은 아니다. 우리 모두의 삶은 각각의 사연들로 이루어져 있다. 자신이 불행하다고 느끼는 것은 자신과의 비교가 아닌 남과의 비교에서 오는 상대적 좌절감 때문이다.

비교를 통해 사회가 발전하고 개인이 발전하는 것은 분명하다. 하지만 그 비교는 주변과 상대가 아닌 자신과의 비교일 때 바람직한 결과를 가져올 수 있다. 내 삶이 나의 것이 되어야 한다고 생각한다면 남과의 비교가 아닌 자신과 비교해야 한다. 자신과의 비교는 결과적으로 자신을 살린다. 비교가 부정적인 것은 아니지만 비교의 방법과 대상에 따라 부정성을 갖는다.

잘못된 비교는 자신의 내면을 황폐화시킨다. 세상은 뛰는 자 위에 나는 자가 있는 법, 스스로 승승장구하는 삶을 산다고 생각해도 더 승승장구하는 사람들이 있기 마련이다. 세상의 이치는 그런 것이다. 이런 속에서 주변과의 비교로는 결코 행복해질 수 없다. 비교하려거든 자신의 과거 삶과 비교하라. 어제보다 오늘 더 나은 삶을 살고 있다고 생각한다면 그것이 바로 성공적인 삶이다.

지혜는 자기성찰의 열매

진정한 지혜는 고통과 죄악의 극복에서 온다. 그러므로 진정한 지혜는 슬픔을 동반한다.   - 휘태커 챔버스 -

   세상을 살다보면 지혜가 얼마나 중요한지를 깨닫는 때가 많다. 지혜는 사람을 살리기도 하고 죽이기도 한다. 지식으로 사람을 살릴 수 있을 것 같지만 지혜로 사람을 살리는 경우가 더 많다. 오히려 지식은 많은데 지혜가 없어 일을 그르치는 경우를 흔히 보게 된다.
   지혜란 무엇일까. 지혜는 지식과는 완전히 다르다. 지식이 많은 사람을 지식인으로 부르지만 지혜인이라고 하지 않는 것만 봐도 쉽게 알 수 있다. 지혜는 지식이나 경험을 잘 활용할 수 있는 능력이다. 지식을 수단으로 말할 수 있다면 지혜는 그것을 '제대로' 활용할 수 있는 능력인 셈이다. 여기서 중요한 것은 바로 '제대로'란 의미다. 그냥 활용하는 것이 아니라 적절하게, 바르게 사용할 줄 아는 능력이다. 이런 점에서 지식은 도구적인 성격을 가진다. 그래서 교육에 투자하고 좋은 학교를 다니고 많이 배우면 지식은 얼마든지 얻을 수 있다. 돈만 있으면 마음에 드는 물건들을 살 수 있는 것과 유사하다.

하지만 아무리 좋은 물건이 많아도 그 물건을 제대로 쓸 줄 모른다면 아무 소용이 없다. 수십억짜리 고급차를 샀어도 그것을 제대로 운전할 줄 모른다면 무슨 소용이 있겠는가. 오히려 그 자동차는 사람의 생명을 위협하는 흉기가 되고 만다. 세상에 지식인은 넘쳐나는데 지혜인은 찾아보기 어렵다. 지식은 난무하지만 지혜는 잘 보이지 않는다. 그렇다면 지혜인은 어떤 사람일까.

지혜가 있는 사람은 온유하고 인내하는 사람이다. 감정대로 행동하지 않고 스스로를 잘 통제한다. 쉽게 성내지 않고 쉽게 분노하지 않는다. 때론 상대가 스스로 누그러질 때까지 기다리고 참는다. 브레이크 없이 마주 달리는 기관차를 생각해 보라. 한쪽에서 멈추지 않는다면 그 결과는 어떻게 되겠는가.

지혜로운 사람은 판을 깨지 않는 사람이다. 지혜인은 항상 흩어지는 것들을 잘 아울러 조화롭게 만들려고 한다. 갈 때까지 가자고 버티는 경우는 결코 지혜로운 태도가 아니다. 잘잘못을 따지는 것만이 능사가 아니라 어떻게 하면 지금의 위기를 극복하느냐가 더 중요한 문제다.

지혜롭다는 것은 현재 당장의 문제가 아닌 앞으로의 문제까지 생각하는 태도다. 솔로몬 이야기에 나오는 두 여인의 사례는 좋은 경우다. 만일 자신의 아이라고 우기는 두 여인 중 한 명이 물러서지 않았다면 아이는 죽을 수밖에 없는 상황이 아니었던가. 지혜는 바로 이런 것이다. 이 두 여인의 이야기가 지혜의 상징으로 회자되는 이유다.

지혜로운 사람은 다른 사람도 귀하게 여기는 사람이다. 이들은 자기 눈 속의 들보를 먼저 본다. 남을 탓하기 전에 자신의 부족함과 잘못을 먼저 생각해보는 사람들이다. 우리 주변에는 남을 먼저 탓하는 사람들이 훨씬 많다. 하지만 지혜로운 사람은 자신을 먼저 성찰한다. 잘못한 사람을 탓하고 비난하기 전에 그 사람의 입장을 이해하고 역지사지하려고 한다. 또한 자신도 언제든지 어려운 입장이 될 수 있다는 사실을 잘 알고 있는 사람이다. 지혜는 많은 지식을 쌓아서 닦아지는 것이 아니라 자기성찰을 통해서만 닦아지는 마음의 거울이다.

끝날 때까지 끝난 것은 아니다

진정한 성공은 무대 위가 아니라
무대에서 내려와서 동료들과 얼마나 사이좋게 지내느냐에 달려있다. - 새미데비스 주니어 -

"끝날 때까지 끝난 것은 아니다." 이처럼 멋진 말이 있을까. 사람들은 살면서 누구나 좌절과 실패를 겪는다. 한순간 커다란 성취를 이루었다고 해서 그 삶이 성공한 삶이라고 말할 수 있을까. 반대로 한 순간 엄청난 실패나 좌절의 쓴맛을 보았다고 해서 그 삶이 실패한 삶이라고 말할 수 있을까. 그렇지 않다. 이런 실패와 좌절은 한 과정 속에서 겪는 일이다. 인생의 전 과정이 실패로 점철되는 사람은 없다. 마찬가지로 삶의 전 과정이 성공으로만 이루어지는 경우도 없다. 삶은 성공과 좌절의 변증법을 통해 만들어진다.

우리는 그런 과정 속에서 일희일비하며 산다. 삶은 한순간의 성패에 좌우되지 않는다. 일정한 시간이 지나야 그 삶을 알 수 있다. 한 순간을 놓고 삶을 말하기 어려운 것도 바로 이런 삶의 연속성 때문이다. 삶을 운동경기에 비유하는 경우가 많다. 모든 경기에는 전반전, 후반전, 혹은 1회전, 2회전, 3회전과 같은 매듭이 있다. 전반전에 실점했다고 후반전에서 실점하라는 법은 없다. 뒤에 쳐졌던 선수가 막판 스퍼트를 하면서 우승하는 경우도 많다. 야구는 얼마나 극적인가. 9회 말에 만루 홈런으로 역전승하는 모습은 얼마나 감동적인가.

삶도 마찬가지다. 인생의 초반부에서 좌절했다고 포기할 이유는 없다. 삶의 한부분에서 실패했다고 남은 과정을 포기할 필요는 더더욱 없다. 생애주기로 본다면 삶은 5회전으로 볼 수 있다. 1회전은 사회에 나갈 준비를 하는 시기다. 좋은 학교를 들어갈 수도 있고 그렇지 않은 경우도 있다. 좋은 학교를 졸업하고 좋은 직장에 들어갔다면 출발은 순조로운 편이다. 그렇다고 이런 순조로운 출발이 마지막까지 모든 것을 보장해주는 것은 아니다.

2회전은 결혼과 자녀의 교육 단계다. 남녀가 서로 좋아 만나 결혼하지만 검은머리가 파뿌리가 되기까지 행복한 결혼생활을 유지하기란 쉽지 않다. 자녀교육도 생각처럼 되지 않는다. 3회전은 중년의 시기다. 열심히 일한 결과 남보다 한 발 앞서갈 수 있었다면 그것도 훌륭한 일이다. 하지만 직장에서의 성취도 근면성실만으로 통하지 않는 경우도 많다. 성취에 영향을 미치는 많은 매개변수들이 존재한다. 자신의 능력만큼 성취하지 못했다고 좌절할 필요가 없다.

4회전은 은퇴의 단계다. 이때쯤 되면 삶의 성공 여부를 점칠 수 있을 것 같지만 사실은 그렇지 않다. 사회적으로 많은 성취를 했더라도 자기평가에서 후한 점수를 주지 못한다면 그동안의 삶과 성취가 무슨 소용이 있 겠는가.

　5회전은 자아통합의 단계다. 지금까지의 삶이 실패도 있었고 좌절도 있었지만 그런대로 괜찮은 삶이었다면 그 삶은 성공한 삶이다. 누구의 삶이든 그 삶은 한 개인의 역사다. 그 속에서 다양한 국면들과 말 못할 사연들이 있기 마련이다. 또한 삶의 각 단계에서 겪어야 하고 성취해야할 과업들이 있지만 그것은 그때의 것일 뿐이다. 모든 것이 끝날 때까지 끝난 것은 아니다.

> 인류의 진보 뒤에는 일부 고독한 개개인의
> 마음 속에서 성장하는 창조의 힘이 있다.
> 바로 남들이 잠잘 동안에도 꿈으로 깨어있는 자들의 힘이다.
> - 크로포드 H. 그린월트 -

제4부

사색의 발견

삶의 뿌리를 튼튼하게 만드는 인문학

인간에게 자비심은 인간존재의 가치를 더욱 견고히 하고, 풀밭을 메운 꽃처럼 그 사람을 아름답게 만든다.
자비심은 연구한다고 얻어지는 것이 아니며 고상한 특권도 아니다. 그저 인간의 본능이다.
- 조지 밴크로프트 -

    21세기는 모든 것을 즉석에서 해결할 수 있는 스마트 혁명의 시대다. 해가 동쪽에서 뜨는지, 서쪽에서 뜨는지 알 수 없을 정도로 세상은 빠르게 돌아간다. 이렇게 숨 가쁘게 돌아가는 환경 속에서 고전과 인문정신을 말하는 것이 무슨 의미가 있을까. 하지만 이런 시대일수록 어떻게 살아야하는지에 대한 고민은 더욱 깊어질 수 밖에 없다.

    왜 그럴까. 빠르게 발전하는 스마트한 기술들이 우리의 삶을 풍요롭게 할지는 몰라도 결코 인간의 내면까지 채워주지는 못한다. 내면의 문제는 내공의 문제와 직접적으로 맞닿아 있다. 내공을 쌓는다는 것은 내면의 근육을 키우는 일이다. 근육운동을 통해 건강을 유지할 수 있듯이 내면의 근육을 키워야 외풍에 흔들리지 않는 중심 잡힌 삶을 살 수 있다. 기계문명이 발달하면 발달할수록 인문학과 인문정신이 더욱 중요해질 수 밖에 없는 이유다.

혹자들은 인문정신을 '삶의 참된 가치'를 찾는 문제와 관련 '자아를 완성해 가는 정신'으로 말한다. 하지만 이런 해석은 지나치게 추상적인 면이 있다. 흔히 인문학과 인문정신을 현실을 외면한 뜬구름 잡는 식의 이야기라는 말을 하는 것은 그런 방증이다. 그래서다. '인간을 깊이 이해하기 위한 노력' 쯤으로 좀 더 구체화 시킨다면 어떨까. 무엇인가 확 다가오는 느낌이 있지 않은가.

현대 사회에서 정신적 위안을 주는 것은 누가 뭐래도 인문정신이다. 모든 것이 물격화(物格化)되어 가는 세상에서 방향성을 잃지 않도록 하는 것도 인문정신이다. 모든 문제는 사람의 문제, 즉 인간 내면의 문제로 귀결된다. 물질적으로 풍요로워도 내면의 문제를 해결하지 못하면 공허할 수 밖에 없다. 하지만 물질적인 어려움을 겪어도 내면의 근육이 튼튼한 사람은 결코 공허하지 않다. 이런 각자의 삶을 한 인간의 가치로 이해하는 것이 바로 인문정신이다.

모든 고전은 인간에 대한 이해 방식을 담고 있다. 이런 점에서 고전을 통해 어떻게 살아야 하는지 등, 삶의 방식을 가다듬는 것은 매우 유의미한 일이다. 고전은 인류역사를 통해 보석처럼 다져진 인간 본연의 정신이 수평누층(水平累層)처럼 쌓여 인간정신으로 빛나는 결정체다. 그래서 수 백년, 수 천 년이 흘러도 빛이 바래지 않고 빛난다. 그 빛으로 인간의 삶을 조명하고 나아갈 수 있게 한다.

오늘날 우리의 삶은 고속도로에 들어선 자동차처럼 끊임없이 가속페달을 밟아야 한다. 자신의 의지대로, 때론 여유롭게 갈 수가 없다. 다른 사람들이 삶의 속도를 높이면 주변 사람들과 비슷하게 따라가야 한다. 경관을 감상하거나 다른 생각을 할 여유가 없다. 앞만 보고 달려야 한다. 출구도 정해져 있다. 쉬고 싶다고 아무 곳에서나 쉴 수 있는 것도 아니다. 정해진 곳에서만 쉬어야 하고 정해진 곳으로 나가야 한다.

경쟁이 치열한 현대 사회일 수록 고전이 우리에게 주는 의미는 결코 가볍지 않다. 빠르게 변화하는 환경 속에서 지혜와 삶의 방식을 재정립할 수 있도록 그 길을 열어주는 것이 고전이다. 마음을 가다듬게 하고 지친 마음에 새로운 에너지를 불러일으켜 심기일전하도록 청량제 역할을 하는 셈이다. 노숙자들이나 세상사에 지쳐 삶을 포기한 사람들이 인문학 강좌를 듣고 새로운 삶을 사는 모습은 대표적이다.

필자도 예외는 아니다. 많은 경우 고전을 통해 답을 얻고 생각을 정리한다. 특히 『채근담(菜根譚)』은 필자가 즐겨 읽는 고전 중의 하나다. '자기절제'와 '근검'의 덕목이 전체를 관통하고 있지만 '인간의 욕심은 끝이 없다'는 깊은 성찰로 채워져 있다. 실제로 자기절제를 하지 못해 발생하는 사회문제들이 얼마나 많은가. 근검절약하지 않아 생기는 문제들이 얼마나 많던가. 오늘날 아무리 사회가 발전하고 부를 추구하는 생활이라 할지라도 자기절제와 근검이 없다면 그 사회는 결코 바람직한 사회가 될 수 없다.

이야기가 나왔으니 조금 더 설명해 보자. 채근담이란 말 그대로 '채소 뿌리 이야기'다. 송나라 때의 왕신인이 "사람이 항상 쓴 뿌리를 먹는 마음으로 살 수 있다면 백 가지 일을 능히 이룰 수 있다"라고 한 말에서 유래했다. 어려운 일을 참고 잘 견디면 언젠가는 많은 일을 이룰 수 있다는 의미다. 이 대목에서 더 상상력을 발휘해 보자. 채근은 무와 당근 같은 채소의 뿌리를 말한다. 무나 나물뿌리는 서양 음식처럼 달콤하거나 순식간에 입맛을 사로잡는 것은 아니다. 하지만 우리의 생활에서 일 년 내내 빼놓지 않고 먹는 것이 채근이다. 씹을수록 그 식감과 뒷맛이 좋다. 채근담을 '동양의 탈무드'로 일컫는 것도 이런 이유다.

다시 본론으로 돌아와서, 고전을 통해 얻는 것은 이런 지혜와 삶에 대한 이해다. 이것이 바로 고전을 통해 얻을 수 있는 인문정신인 셈이다. 고전은 한 번 읽으면 무엇인가 마음이 열리는 것 같고 두 번 읽으면 삶과 세상의 이치를 깨닫는 것 같은 느낌이 든다. 세 번 읽으면 생사의 경계를 넘는 느낌을 얻을 때도 있다. 그래서일까. "일상적인 관점, 즉 속적인 관점을 벗어 버리고 새 마음으로 고요히 본다면 옛 성인들의 꾀가 병을 쫓는 신령한 약(靈丹)이 아닌 것이 없다."

아잔브람의 행복론

행복의 비결은 자신이 좋아하는 일을 하는데 있는 것이 아니라 자신이 하는 일을 좋아하는데 있다.
- 제임스 M 배리 -

　아잔브람은 세계적인 명상가다. 그는 영국의 가난한 노동자 집안에서 태어나 불교 수도자가 되었다. 독실한 기독교 집안의 아들이었지만 삶에 대한 궁금증과 세상 이치에 대해 많은 고민을 했다. 캠브리지대에서 물리학을 공부하면서도 불교서적을 꾸준히 읽었다. 결국 태국으로 건너가 태국의 살아있는 붓다로 불리는 아잔 차(Ajahn Chah)로부터 수행훈련을 받고 호주불교의 산실인 보디니야나(Bodhinyana) 사원을 세웠다. 여전히 명상수행을 하면서 삶과 행복의 문제를 탐구하고 있다.
　그의 행복론은 한 마디로 모든 것을 놓아버리라는 '방하착(放下着)'이다. 그는 말한다. "놓아버리는데서 오는 행복감, 사물과 현상이 사라지는데서 오는 환희가 무엇을 뜻하는지 제대로 이해해야 한다. 감각들이 사라질수록 더 많은 자유를 느끼게 된다. 세상에 매달릴만한 가치가 있는 것은 하나도 없다. 모든 것은 놓아 버릴 수 있는 것들이다. 그렇게 함으로써 이 길이 공(空)을 향한 움직임이라는 것을 깨닫는다."

방하착, 즉 내려놓으라는 말은 불가의 중요한 가르침이다. 따지고 보면 부처의 출가도 방하착이었다. 삶의 번뇌는 끊임없는 집착에서 온다. 그런 세상사 집착을 내려놓을 때만이 자유로울 수 있다는 것이다. 한 수행자가 조주선사에게 번뇌에 대한 가르침을 청했다. 그러자 조주선사는 "방하착하라"고 대답했다. 수행자는 자신이 지니고 있던 염주와 지팡이를 모두 내려놓고 다시 물었다. 선사는 이번에도 똑 같은 답을 했다. 수행자는 등에 맨 걸망까지 내려놓고 손을 털면서 "몸에 지닌 것이 하나도 없는데 무엇을 더 내려놓으란 말입니까"하고 물었다. 선사는 "그러면 내려놓은 것들을 다시 지고 가라"고 했다.

현실의 삶에서 방하착을 실천하기란 쉽지 않다. 우리는 손을 놓는 순간 죽을 수도 있다는 생각을 한다. 그것은 두려움이다. 한 스님이 살려달라는 소리가 들려 내려다보니, 장님이 절벽 끝 나무 가지에 대롱대롱 매달려 있었다. 그런데 자세히 보니 그 장님이 붙잡고 있는 나뭇가지는 낭떠러지 끝자락의 아주 낮은 곳이었다. 손을 놓고 발만 뻗으면 그대로 땅에 닿을 수 있는 위치였던 것이다. 그래서 스님은 붙잡고 있는 손을 그냥 놓아버리라고 소리쳤다. 그런데도 장님은 손을 놓지 못하고 매달려 발버둥만 치고 있었다.

내려놓으면 몸과 마음이 가벼워지는 것은 분명하다. 하지만 당장 내려놓을 수없는 현실의 문제도 있다. 발등 위에 떨어진 자식문제, 부모문제,

경제문제를 편하게 모두 내려놓을 수 있겠는가. 어떻게 계절의 변화나 동서남북의 방향, 산은 높고 물은 깊다는 생각까지 다 놓아버릴 수 있겠는가. 현실적인 욕심 때문만은 아니다. 그래서일까. 수행자 아잔브람은 다른 각도에서 또 다른 행복론을 말한다. 행복은 고통이 있기 때문에 존재한다는 것이다. 이런 행복론은 우리의 현실과 직접적으로 맞닿아 있다. 방하착에 현실의 문제를 얹어놓은 '고통의 행복론'인 셈이다.

"행복은 고통스런 두 시점 사이의 휴지기이다. 당신이 즐거움의 정체를 깊이 들여다 보면 그것이 고통스러운 두 시점 사이의 휴지기에 불과하다는 것을 알게 될 것이다. 당신이 음식을 맛있게 먹는 이유는 그 전에 몇 시간 동안 먹지 않았고 앞으로도 몇 시간동안 먹지 않을 것이기 때문이다. 만일 당신이 24시간 내내 배를 채운다면 음식을 즐기기는커녕, 그 맛도 모르게 될 것이다. 당신은 앞으로 고통이 올 것임을 알고 있을 때만 즐거움을 느낄 수 있을 것이다. 그러므로 영원히 행복만 지속되는 천국 같은 것은 있을 수가 없다. 이 세상에서 완벽하고 궁극적인 만족감 같은 것은 결코 존재할 수 없다."

욕망을 소비하는 시대

인간은 살아있는 동안 열망과 희망을 버릴 수는 없다. 분명히 아름답고 좋다고 느끼는 것은 존재하며,
인간은 언제나 그것에 굶주리기 때문이다.   - 조지 엘리엇 -

현대 사회에서 소비행위를 빼놓고 일상의 삶을 말할 수는 없다.

'호모 컨수멘스(Homo Consumens)'라는 말도 자연스럽게 쓰인다. 이 용어는 고도로 발전한 자본주의 사회의 특징을 소비와 관련지어 나타낸 용어로 '소비하는 인간'이란 뜻이다. 자본주의 사회는 소비를 기반으로 성립한다는 내용을 담고 있다. 자본주의 사회에서 사람들은 단순히 의식주 문제만을 위해 소비하지 않는다. 모든 면에서 차별적인 소비를 지향한다. 예를 들면 타자가 소형차를 타면 나는 대형차를 소유하려고 한다. 타자가 길거리 상표를 들고 다닐 때 나는 명품을 들고 다니며 차별화를 시도한다.

현대인들의 소비활동은 철학적으로도 설명된다. 프랑스의 구조주의 철학자 장 보드리야드(Jean Baudrillard)는 데카르트의 "나는 생각한다.

고로 존재 한다"라는 말을 "나는 소비한다. 고로 존재한다"로 치환시켰다. 현대인의 대량 소비를 빗댄 것이다. 이런 패러디는 단순히 기본적인 욕구의 수준을 넘는 과소비, 대량소비의 문제를 낳는다는 지적이다. 소비는 행위 그 자체로 끝나지 않는다. 타자에 대한 평가로까지 이어진다. 상대방의 인격이나 지적 수준의 가늠보다는 무엇을 입느냐, 무엇을 먹느냐, 어디에 사느냐를 묻는다.

하버드 대학의 센달 박사는 『돈으로 살 수없는 것』이라는 저서에서 돈으로 살 수없는 것과 사서는 안 되는 것들이 있음을 거론했다. '정말 소중한 것이 무엇인가,' '어떻게 살고 싶은가'라는 질문들이 선행되었을 때 도덕, 우정, 인격적 가치 등과 같은 인간관계에 있어 소중한 가치들이 빛을 발할 수 있다는 것이다. 이런 점에서 오늘날의 소비는 브레이크가 고장 난 자동차를 타고 질주하는 경우와 다르지 않다. 생활의 필요를 충족시키기 위한 일차원적인 소비가 아닌 욕망을 소비하는 시대의 문제점이다.

탐나는 대로 보이는 대로 소비하는 것은 탐욕적 소비다. 더 정확히 말하면, 사회적 피로를 불러오는 소비다. 그런 피로가 때론 테러를 부르기도 한다. 과거 세계적으로 충격을 주었던 '유나바머' 사건은 대표적이다. 1978년부터 1995년까지 약 17년에 걸쳐 미국의 대학과 항공사에 우편물 폭탄 테러를 저지른 사건이다. 필자는 미국에서 연구원으로 있던 중에 이 사건을 접했다. 범인 카진스키는 하버드 대학을 졸업한 수학 천재였다. 그런 그가 숲속에서 20여 년 동안 은둔생활을 하면서 현대문명을 비판하는 논문을 썼고 16회에 걸쳐 우편물 테러를 저질렀다. 이는 현대 사회의 탐욕과 관련된 사건의 한 단면이다.

욕망이 절제되지 않은 피로사회, 이제는 우리 사회에도 서서히 소비에 대한 패러다임을 바꿔야 하지 않을까. 스스로 절제하지 않는 소비는 피로를 더욱 가속화시킨다. 1992년 캐나다의 테드 터너는 '아무것도 사지 않는 날(buy-nothing-day)'이란 운동을 시작하여 좋은 반향을 불러 일으켰다. '자발적 검소', '윤리적 소비', '공정무역' 등도 같은 범주에 들어갈 수 있다. 모두 과잉 소비에 대한 반성적 사고들이다. 지나친 탐욕을 내려놓을 때 비로소 맑은 하늘과 땅, 아니 우리 자신의 본 모습을 볼 수 있지 않을까.

대과(大過) 없는 삶의 또 다른 의미

진정 행복한 사람은 자신에게 닥친 행운은 물론 불행까지 감당할 수 있는 사람이다.
침착하게 변화를 이겨내는 사람에게는 불운이 닥치지 않는다. - 세네카 -

　어떤 삶을 살아야 훗날 행복한 삶이었다고 말할 수 있을까. 돈과 명예를 얻은 삶일까. 권력을 얻은 삶일까. 누군가는 최선을 다한 삶이라고 말할 것이다. 누군가는 건강하게 산 삶이라고 말할 수 있을 것이다. 또 그 누군가는 자식교육을 잘 시킨 삶이라고 말할 수 있을 것이다. 모두 맞는 말이다. 하지만 '대과(大過) 없이 산 삶'이라고 말한다면 어떨까.
　젊은 시절에는 때가 되어 물러나는 사람들이 입버릇처럼 하던 말이 늘 귓바퀴에 거슬렸다. "대과 없이 물러나는 것을 다행으로 생각한다"라는 말이었다. 이 말을 들을 때마다 솔직히 밥값 제대로 못한 것을 그렇게 홍보할 필요가 있느냐라는 생각이었다. 대과라는 말은 말 그대로 '큰 실수'라는 말이다. 일을 열심히 하다 보면 실수도 하기 마련인데 실수가 두려워

적극적으로 일을 하지 않은 것은 문제라고 생각했기 때문이다.

그런데 이 의미를 다시 뒤집어 생각해보는 기회가 많아졌다. 다시 말하면 만일 '큰 과오가 있었다면 어땠을까'라는 의미가 된다. 이를 우리의 삶에 그대로 적용시켜본다면 어떨까. 예를 들어보자. 갈등하는 부부가 있다. 두 사람은 갈라서는 문제를 놓고 심각하게 고민한다. 상대방에 대한 미움과 증오는 증폭된다. 이런 상황을 벗어나는 것이 급선무라고 생각한다. 문제를 빨리 해결하기 위해 급기야 갈라서겠다는 결정을 내린다. 시간이 지나면 더 냉정한 시각으로 지난 상황을 다시 돌아보는 때가 오게 된다. 그때서야 비로소 실수, 바로 대과를 만들었다는 사실을 깨닫는다.

그는 남들이 부러워 할 만큼의 부를 얻었다. 사업은 하루가 다르게 번창 했고 일마다 성공을 거두었다. 하지만 그는 부를 축적하는 과정에서 비리를 저질러 사회적 지탄의 대상이 되었다. 많은 돈을 벌었지만 그는 인격을 잃고 말았다. 많은 사람들이 그의 부를 부러워했지만 그것이 결국 사상누각이란 사실을 알게 되었다. 훗날 그는 자신이 대과를 저질렀다는 사실을 깨달았다.

운전 부주의로 사망 사고를 냈다. 일은 보험으로 잘 마무리 되었다. 그렇다고 마음의 짐까지 내려놓을 수 있을까. 인간인 이상 결코 그럴 수는 없다. 천하보다도 귀하다는 한 생명을 죽게 만들었다는 죄책감에 시달릴 수 있다. 외형적으로는 문제가 해결되었을지 모르지만 마음은 결코 자유롭지 못할 것이다. 그 과오는 그녀를 평생 따라다니는 그림자가 된다.

인생을 살면서 이런 경우뿐일까. 대과 없이 삶을 산다는 것이 결코 쉬운 일이 아니다. 어떤 의미로 삶은 실수의 연속인지도 모른다. 그래서 우리는 늘 후회하며 산다. 그 후회의 기저에는 실수라는 잘못이 있다. 삶에 실수가 없다면 삶을 후회할 이유는 하나도 없다. 따지고 보면 삶에서 큰 실수가 없었다는 것은 그 자체가 엄청난 행운이자 행복이다. 돈, 권력, 명예와 같은 성취의 문제와는 아무 상관이 없다. 대과 없는 삶, 충분히 행복한 삶이 될 만하지 않은가.

모든 답은 자기 안에 있다

인간은 누구나 마치 한권의 책처럼 저마다의 인생을 살아간다.
중용을 갖춘 사람에게는 다른 사람이 따라가거나 가질 수 없는 미덕이 있다. － 에밀리 드 기라든 －

히틀러는 유년시절 아버지로부터 가정폭력에 시달렸다. 그는 성장하여 결국 600만 명에 이르는 유태인을 학살했다. 인간성을 파괴하는 이런 행동은 어린 시절의 가정폭력과 학대, 해결되지 않은 슬픔과 분노의 결과였다. 심리학자들에 의하면 유년시절 성장과정에서 받은 상처가 적절한 때에 해소되지 않으면 성장을 멈추고 그 상태 그대로 고착된다. 성인이 된 후에도 마음속에 어린아이 같은 감정, 태도, 행동 등을 그대로 보이는 '내면아이(inner child)'가 자리 잡는다.

상담치료 전문가인 존 브래드쇼는 "과거 상처받은 내면아이가 바로 사람들이 겪는 모든 불행의 가장 큰 원인이다."라고 말한다. 일상에서 우리가 겪는 대부분의 문제들은 이처럼 과거 마음의 상처나 감정들로부터 비롯된다. 마음에 담아두고 있던 여러 가지 마음의 상처가 억압된 감정으로 그대로 남아 있기 때문이다. 이런 미해결 과제들은 잠재되어 있다가 기회만 되면 의식 속으로 올라오면서 스스로를 '고문게임'에 빠져들게 한다.

이런 문제들은 어느 정도 자기 내면과의 지속적인 대화를 통해 치유할 수 있다. 내면의 대화는 자신의 잠재의식과 소통을 통해 아픈 상처를 치유하는 방법이다. 이 경우 "내가 왜 이런 감정을 느끼고 있지?" "왜 그런 말을 했을까?" 스스로 이런 질문을 통해서 내면에서 울려오는 마음의 메시지를 듣는 것이 중요하다. 이런 메시지를 통해 스스로 해결의 실마리를 찾는 것이다.

이때 답을 바로 얻기도 하지만 꿈이나 영감으로 올라오기도 한다. 은유와 상징으로 올라오는 이미지를 해석하는 과정에서 미처 몰랐던 무의식적 동기와 핵심감정을 알아차릴 수도 있다. 예를 들어보자. 부부간에 갈등을 겪던 사람이 무엇이 문제인지에 대해 내면의 대화를 시작했다. 어느 순간 나비가 떠올랐다. 나비가 주는 의미가 무엇인지 고민하다 '나는 나비이고 부인은 꽃이다'라는 생각이 스쳤다. 나비가 꽃을 찾아가는 게 보통의 이치인데, 자신이 다가서지 않고 상대가 먼저 다가오기를 기다렸다는 사실에 생각이 미쳤다.

흔히 공감이 약이라고 한다. 틀린 말이 아니다. 이런 점에서 누군가가 고통 중에 있다면 참고 견디어 이겨냈다는 사실에 대해 위로를 아끼지 말아야 한다. 있는 그대로를 인정하고 존중해주어야 한다. 누구에게도 위로받지 못했던 내면의 상처가 공감 받고 위로받는 것만으로도 상당부분 치유될 수 있다. 마음은 자기 문제의 해결사이자, 스스로를 치유하는 의사이다. 답은 내 안에 다 있다.

아프다면 바람의 언덕에 올라보자

의지력의 부족은 지성이나 능력의 부족보다 더 많은 실패의 원인이 된다.
위대한 자에게 의지가 있다면, 나약한 자에게는 오직 소망만 있다. 　- 플라워 A 뉴하우스 -

일에는 흔히 때가 있다고 말한다. 한 부분 틀린 말은 아니다. 세상 일에는 때를 놓치면 일을 그르치는 경우가 많다. 그렇다고 다 맞는 말도 아니다. 때를 놓쳤어도 다시 시작할 수 있기 때문이다. 늦었어도 만회할 수 있는 기회도 얼마든지 있다. 때가 있다고 믿어도, 때를 놓쳤다고 생각해도 적절하게 자기발전의 약으로 활용하면 된다. 자신의 의지를 믿으면 가능한 일이다. 때가 있다는 말은 일종의 '비합리적 신념'이란 것.

실제로 많은 사람들은 "다 때가 있는 거야", "젊은 너희 때가 좋았지", "배우는 것도 다 때가 있는 거야"란 말을 자주 한다. 그럴 수 있다. 앞서 밝혔듯이 한 부분 적절한 시기라는 것이 있는 것도 사실이다. 하지만 이는 전형적인 환경결정론적 사고에서 비롯된 것이다. 더 정확히 말하면, 인간의 적극적 의지를 간과한 사고방식이다. 한 시기라는 시간표에 맞춰 삶을 그대로 재단한 결과다. 그렇다면 그 '때'라는 것이 과연 정해진 시간이며, 움직일 수 없는 시간일까.

그렇지 않다. 그것은 통념일 뿐이다. 우리의 의지에 따라 결과는 얼마든지 달라질 수 있다. 인간의 의지는 때론 바위와 같이 단단한 것이다. 그 단단함이 어려움을 견디게 만든다. 우리 주면에는 뒤늦게 인간 승리를 일궈낸 사람들을 얼마든지 찾아볼 수 있다. 인생을 계획한 그대로 오차 없이 살기는 어렵다. 신은 항상 우리가 가고자 하는 길로 가도록 내버려 두지 않는다. 하지만 참고 기다리면 길을 열어주기도 한다. 길이 막히면 돌아가는 경우도 있다. 그래서 내릴 수 있는 결론은 이렇다. '때'라는 정해진 시간은 따로 없다는 것이다,

때라는 것이 결코 하고자 하는 의지의 방해물이 될 수는 없다. 자신에 대한 확신과 믿음이 중요하다. 자신의 의지대로 내면을 바라보면서 묵묵히 걸어가면 된다. 때로는 힘들고 지치기도 하지만 그 때마다 심호흡을 하면 된다. 그래도 힘들다면 하루 이틀 무념무상(無念無想)의 태도로 모든 생각을 내려놓아도 좋다. 필자도 그랬다. 마음이 괴로웠을 때, 실패했을 때, 늘 바람의 언덕에 올랐다. 찬바람 부는 언덕에 올라 자신을 다시 돌아보았다.

모든 것은 자신의 문제다. 스스로 자신을 극복해야 한다. 자신을 이기지 못하면서 세상을 이길 수는 없다. 자신을 이기는 것이 세상을 이기는 것이며 자신을 자신답게 지키는 일이다. 동서고금의 성현들이 그랬고, 오늘을 사는 보통의 사람들도 그렇다. 우리 주변에서 평범한 삶을 사는 사람

들처럼 보여도 이들 역시 자신을 이긴 사람들이 많다. 한두 번 실패했다고, 또 때를 놓쳤다고 크게 낙담할 일이 아니다. 툴툴 털고 다시 일어나 새로운 도전을 준비해보자. 인생을 길게 보면 조금 늦게 가도 괜찮다. 모든 것이 때가 있다는 말, 다 때가 있다는 강변, 이런 말들은 모두 '비합리적 신념'으로 여겨보자.

패자부활이 가능한 사회

기회가 왔을 때 결심만하고 행동하지 않으면 실제로는 결심하지 않는 것이다.
좋은 것을 사랑하지만 그것이 가능한 순간에도 실행하지 않는다면 실제로는 사랑하지 않는 것이다.
- 스베덴보리 -

경제학자 사무엘슨은 『경제학』이라는 저서에서 빈곤의 악순환 구조를 설명했다. 그에 의하면 악순환은 '저저축 및 저투자-저자본-저생산-저소득-저저축'으로 이어지는 구조로 나타난다. 이런 악순환의 고리를 끊어낼 수 있는 가장 효과적인 방법은 교육 사다리를 세우는 일이다. 교육 사다리는 계층 간 이동을 원활하게 해주는 매우 중요한 역할을 한다. 개천에서 용이 나는 것도 교육 사다리 때문이다.

뿐만 아니라, 교육 사다리는 패자부활이 가능한 사회를 만드는 가교 역할을 한다. 미국 최초의 흑인 대통령인 오바마도 교육 사다리의 덕을 본 대표적인 인물이다. 그는 명문 컬럼비아 대학을 졸업했다. 하지만 그가 처음부터 컬럼비아 대학에 들어간 것은 아니다. 캘리포니아주 80여개 대학 중 중위권 정도의 '옥시덴털' 대학에 입학했다. 하지만 2학년을 마치고 컬럼비아 대학으로 편입했다. 그의 강한 의지와 노력의 결과였다. 좋은 학교로 편입을 해야 자신의 발전에 유리하다는 판단을 한 결실이었다.

흥미로운 것은 이 대목이다. 오바마는 자신의 꿈을 위해 교육 사다리를 잘 이용했다는 점이다. 미국은 편입제도가 잘 되어있다. 일정 학점만 취득하면 어렵지 않게 다른 학교로의 편입이 가능한 시스템이다. 이런 유연성은 교육 사다리로써의 역할을 하기에 충분하다. 어느 학교를 들어갔느냐가 아니라 의지와 노력에 의해 쉽게 교육 사다리를 이용할 수 있다는 것이다. 이 같은 시스템은 '패자부활'을 용이하게 한다.

이는 사회로까지 연장된다. 학력은 입사 때만 고려할 뿐, 입사 2년차만 돼도 이후의 능력으로 평가한다. 한번 정규직이 되었다고 끝까지 안주할 수는 없다. 패자부활을 준비하는 다른 사람들과 경쟁을 해야 한다. 패자부활의 과정은 지속적으로 이루어진다. 3차, 4차, 5차의 패자부활전이 준비되어 있는 셈이다.

패자부활이 가능한 사회가 바람직한 사회라고 말한다. 패자부활이 가능한 사회란 단순히 학교 시스템만의 문제는 아니다. 사회의 전반적인 시스템의 문제다. 예컨대 중소기업에 들어갔어도 대기업으로 얼마든지 옮길 수 있는 사회, 대기업에 들어갔어도 새로운 기회를 찾아 다시 중소기업으로 갈 수 있는 기회가 많을수록 패자부활이 가능한 사회다. 이렇듯 누구나 쉽게 계층 사다리를 탈 수 있는 사회가 진정한 패자부활 사회다.

패자부활이란 말이 말 그대로 위안만을 주는 것은 아니다. 역으로 말하면, 패자와 승자가 끊임없이 경쟁을 해야 한다는 의미다. 이는 패자부활이 시스템의 문제이기도 하지만 결국은 개인의 노력문제라는 사실을 암시하는 것이기도 하다. 개인이 노력하지 않을 수 없는 중요한 이유다. 금수저나 은수저를 물고 태어나는 것은 우리의 의지와는 상관없는 문제다. 그럼에도 패자부활전에서 의지와 노력으로 자신을 금수저와 은수저로 만드는 것은 가능한 일이다.

나잇값은 부끄러움을 아는 것

살아가면서 자신이 다해야할 의무를 아는 것이야말로 가장 중요하다. 의무를 다하지 않으려고 하는 사람이나
아무것도 안 하는 사람이나 매한가지다.　　- 조지W. 괴달스 -

　　세상에서 가장 어려운 일은 나잇값을 하는 일이 아닐까. 시간만 흐르면 원하지 않아도 저절로 주어지는 것이 나이다. 나이는 시간이 흐름에 따라 누구에게나 공평하게 주어진다. 하지만 그에 따른 나이 값을 하기란 쉽지 않다. 나이는 대가 없이 주어지지만 나이값은 그에 걸 맞는 그 무엇인가를 스스로 해야 하는 일이다.
　　어린 시절에는 빨리 어른이 되고 싶었다. 간섭 없이 사는 어른들은 얼마나 좋을까. 그래서 어른들의 세계는 동경의 세계였다. 어느 덧 시간은 흘러 우리 모두는 성인이 되었다. 이제는 나잇값을 해야 한다. 예컨대 서른 살이라면 서른 살의 나잇값을 해야 한다. 사십이라면 사십 살의 나잇값을 해야 한다. 환갑이라면 환갑에 해당하는 나잇값을 해야 한다.

나잇값을 제대로 하지 못하면 문제가 생긴다. 우리 주변을 돌아보면 쉽게 확인할 수 있다. 나잇값을 못해 생기는 문제들이 얼마나 많던가. 나잇값은 사회적 역할이나 책임의식과도 통하는 부분이 있다. 성인이 되어서도 사회적 책임과 역할을 다하지 못한다고 생각해보라. 어른으로서의 역할을 다하지 못한다고 생각해보라. 나이를 먹을수록 비례해서 나잇값의 무게도 무거워진다. 청년시절의 나이 값과 장년시기의 나잇값은 다르다. 장년기의 나이 값과 노년기의 나잇값은 달라야 한다.

나이는 원한다고 해서 주어지는 것도 아니고 원하지 않는다고 피할 수 있는 것도 아니다. 일종의 자연현상인 셈이다. 하지만 그에 따른 역할과 책임은 사회적인 문제다. 사회적 역할과 책임은 스스로 알아서 해야 한다. 우리의 삶은 사회적인 관계 속에서 영위된다. 나를 중심으로 주변의 많은 관계 속에서 우리의 삶이 규정되고 결정된다.

이런 점에서 나이가 든다는 것은 사회적 관계 속의 문제다. 더 정확히 말하면, 관계 속에서 시간의 무게를 어떻게 드러내느냐의 문제다. 성인이 되었는데도 성인으로서의 역할을 다하지 못한다면 나잇값을 못하는 경우다. 장년이 되었는데도 자신의 삶을 한 번쯤 돌아보지 못한다면 역시 나잇값을 못하는 경우다. 사실 이 정도는 누구나 다 안다. 그래서 필자는 여기에 늘 한 가지 사실을 더한다. '부끄러움을 아는 것'이다.

맹자는 수오지심(羞惡之心)을 말했다. 잘못을 부끄러워하는 마음은 누구나 가지고 있다. 잘못을 부끄러워하는 마음이 없다면 사람답지 않다는 가르침이다. 하지만 우리의 현실 모습은 어떤가. 나이가 들수록 부끄러움으로부터 멀어지는 모습을 본다. 나이만을 앞세울 뿐, 그에 따른 부끄러움에 대해서는 아랑곳하지 않는 경우가 많다. 나이는 들었지만 젊은이들에게 덕이 되지 못하는 경우도 흔하다. 판단컨대, 나잇값은 우리의 부끄러움에 스스로 값을 매길 줄 아는 능력이다.

소금 한 말을 함께 먹고 나야 친구를 안다

불행했을 때 만난 친구는 소중히 여겨야한다.
행복했을 때 함께 기쁨을 누리던 친구보다 힘들 때 슬픔을 덜어주는 친구를 더 많이 신뢰할 수 있다.
- 율리시스 S. 그랜드 -

『돈키호테』를 쓴 세르반테스는 "소금 한 말을 함께 먹고 나서야 비로소 친구를 알 수 있다"고 했다. 상상해 보자. 소금 한 말을 다 먹기 위해서는 얼마의 시간이 필요할까. 진실한 우정을 나눈다는 것은 그만큼 어렵다는 의미다. 전쟁터에서도 도움을 주러오는 지원군이 있고 어려움을 겪을 때 힘이 되어 줄 수 있는 친구가 있다면 든든한 법이다.

인생을 살면서 세상의 혹독한 비판을 혼자 감당하기란 쉽지 않다. 그러므로 비록 자신이 잘못을 했다고 할지라도 너그럽게 이해해주고 힘이 되어줄 친구가 있다면 더 없이 고마운 일이다. 그래서 운명의 신은 무거운 짐을 지우기도 하지만 때론 그 짐을 같이 나눌 수 있는 친구를 보내기도 한다.

　철학자 피타고라스는 우정을 '덕의 어머니'로 말했다. 자신의 내면에 좋은 열매를 가진 사람만이 좋은 친구를 얻을 수 있다는 것이다. 자신만 아는 사람은 자신 안에 갇히게 되고 친구를 사귈 수가 없다. 사람들이 서로 만나 좋은 친구가 되어 우정을 나누는 것은 신의 선물이다. 그래서 플라톤은 "하나님이 친구를 만들고 그를 또 다른 친구에게 데려 간다"고 했다. 좋은 친구관계가 또 다른 좋은 관계로 이어진다는 의미다. 통상적인 이해방식에 의하면 친구는 세 가지 유형으로 나타난다.

　첫째, '필요접근형' 친구다. 자신에게 득이 되느냐, 아니냐에 따라 친구를 사귀는 유형이다. 저울추처럼 본인에게 이익이 되는 쪽으로만 움직이는 친구다. 필요할 때는 적극적으로 다가오지만 필요치 않을 때는 잘 보이지 않는다. 친구에 대한 애정을 찾아보기도 어렵다. 사업상의 관계로 만나는 친구들에게서 많이 볼 수 있다.

　둘째, '립서비스형' 친구다. 면전에서는 좋은 말을 하지만 돌아서면 험담을 즐겨한다. 말로는 못해줄 것이 없는 듯이 한다. 꽃처럼 예쁠 때는 아름다움에 찬사를 보내지만 시들면 돌아보지 않는다. 태도가 쉽게 돌변하며 변덕이 죽 끓듯 한다. 결과에 대해서는 책임지지 않는다. 갈대처럼 보일듯하다 사라지고 사라질듯 하다가 보이는 친구다. 친구에 대한 정이 크지 않다.

　셋째, '포용형' 친구다. 늘 그 자리에서 반겨주며 조건 없이 많은 것을 포용해준다. 누구에게나 따지지 않고 자신을 내어준다. 밤을 새워 정담을 나누고 싶을 정도로 어제나 오늘이나 변함이 없다. 생각만 해도 편안하고 마음이 든든한 친구다. 마치 커다란 느티나무와 같이 많은 것을 내준다. 한번 맺은 친구의 인연을 귀하게 여긴다.

우리는 세상을 살면서 많은 친구들을 만나게 된다. 어릴 적 죽마고우도 있고 학창 시절을 함께 한 동창친구도 있다. 전우애를 나누었던 친구도 있다. 사회에서는 직장에서 만나는 친구도 있다. 철학자들은 '순경 속에서 친구들이 나를 알게 되고 역경 속에서 내가 친구를 알게 된다'고 말한다. 자신이 힘든 일을 당했을 때 진정한 친구인지를 가릴 수 있다는 것이다.

부처께서도 좋은 친구와 나쁜 친구를 구분했다. "비유하자면 나쁜 친구는 보름달과 같다. 보름달은 처음에는 밝고 환하지만 시간이 가면서 점점 줄어든다. 나중에는 아예 보이지도 않는다. 나쁜 친구도 그와 같아서 날이 갈수록 믿음이 사라져간다. 좋은 친구는 초승달과 같다. 초승달은 처음에는 희미하지만 밤낮이 돌아가면 점점 환해진다. 보름이 되면 환해져서 모든 사람들이 바라보게 된다. 좋은 친구도 그와 같아서 날이 갈수록 믿음이 더해져 간다."

행복도 연습하기 나름

행복하기란 쉽지 않다.
행복은 다른 사람을 행복하게 할 때 비로소 얻을 수 있는 것이기 때문이다. － 스튜어트 클루티 －

　행복을 연습으로 얻을 수 있을까. 정말 가능한 일일까. 그렇다. 심리학자들은 가능하다고 말한다. 캘리포니아 대학의 소냐 류보머스키(Sonja Lyubomirsky) 교수에 의하면, 현실적 조건은 행복의 10퍼센트 밖에 차지하지 않는다. 나머지 90퍼센트는 유전적 요인 50퍼센트와 삶의 방식에 따라 달라지는 40퍼센트가 차지한다. 흥미로운 것은 40퍼센트 부분이다. 이는 후천적 노력에 의해 삶의 질이 크게 달라질 수 있다는 사실을 암시하기 때문이다.

　실제로 연간 천만 달러 이상을 버는 고소득층은 그들이 고용한 사무직원이나 육체노동을 하는 사람들에 비해 약간 더 행복한 정도로 나타났다. 성형수술을 한 사람들도 처음엔 그 결과에 만족했지만 그 행복감이 지속적으로 유지되지는 않았다. 시간이 갈수록 반감되었다.

　인간은 감각적인 조건변화에 빠르게 익숙해진다. 그렇다면 40퍼센트의 행복을 어떻게 효과적으로 얻을 수 있을까. 다시 류보머스키 교수에 의하면, 운전을 배우기 위해, 골프를 잘 치기 위해, 영어를 잘 하기 위해 연습을 하고 노력을 하는 것처럼 연습과 노력을 통해 행복감을 높일 수 있다는 것이다.

　더욱 흥미로운 점은 일상생활에서 어떻게 노력하느냐에 따라 유전적인 50퍼센트 부분도 통제가 가능하다고 말한다. 예컨대 허약한 체질로 태어났지만 운동을 통해 건강한 몸을 유지할 수 있는 것과 마찬가지다. 유전적 요인 50퍼센트에 삶의 방식에 따라 달라질 수 있는 40퍼센트까지 합한 90퍼센트가 노력에 의해 달라질 수 있다는 의미다.

　그렇다면 돈이나 명예, 건강과 같은 현실적 조건 10퍼센트에 나머지 노력으로 통제할 수 있는 90퍼센트까지 합하면 100퍼센트라는 결론이 자연스럽게 나온다. 이 정도면 놀랍지 않은가. 이런 점에서 행복해지기 위해서는 지금 현재를 긍정적으로 생각하는 습관을 갖는 것이 중요하다는 사실을 강조한다. 이런 결과는 우리가 삶 속에서 얻을 수 있는 행복이 단순히 타고난 것으로만 여길 수 없다는 증거들이다.

　일상생활에서 낙관적으로 생각하는 연습을 하는 것이 훨씬 행복한 인생을 사는 길이다. 항상 감사하고, 봉사하는 습관도 행복감을 높여준다. 영성을 키우는 습관, 명상을 하는 습관도 행복한 삶을 사는 좋은 방법이 될 수 있다.

　의미 있는 목표를 설정하고 그것을 이루기 위해 노력하는 과정 그 자체도 커다란 행복감을 준다. 산다는 것은 도전이기도 하지만 일상의 행복을 찾아가는 과정이다. 좋은 목표는 고통이나 어려움을 헤쳐 나갈 수 있는 에너지로 작용한다. 행복하기 위해 열심히 시간과 노력을 투자한다면 누구나 행복감을 느낄 수 있다. 어학연습, 운동 등 행복연습에 시간을 아낌없이 쏟아 보자.

개인적 차원의 정의

가장 비옥한 토지가 반드시 가장 풍부한 수확을 하는 것은 아니다. 수확물을 가치 있게 하는 우리의 재능으로 이익을 만드는 것이다.　- 토머스 W. 하긴슨 -

　삶은 각자의 몫이란 사실을 모르는 사람은 없다. 각자에게는 각각의 삶의 몫이 있다. 그런데 이 말은 쉽게 이해할 수 있으면서도 가장 어려운 말이다. 이 의미를 제대로 이해했는지의 여부는 당장이 아닌 인생의 후반부에서 타나나기 때문이다. 학창 시절의 삶도 각자의 몫이다. 젊은 시절의 삶도 각자의 몫이다. 나이가 든 후의 삶도 각자의 몫이다. 어느 순간 각자의 삶이 아닌 부분은 하나도 없다.

　각자의 몫이란 개인적 정의와 밀접한 관련성을 가진다. 미래를 위해 열심히 노력한 사람과 그렇지 않은 사람의 미래는 개인적 정의의 문제로 이해할 수 있다. 더 나은 자신을 위해 노력한 사람과 그렇지 않은 사람의 결과가 똑같다면 그것은 부정의다. '뿌린 대로 거두는 것'이 개인적 차원의 정의, 즉 '자작환자수(自作還自受)'의 정의다. 팥을 심었는데 콩을 기대하고 콩을 심었는데 팥을 기대하는 것은 정의가 아니다.

A는 근면성실하게 살았다. 학창시절에는 열심히 공부했고 청년시절에는 성실하게 직장생활을 했다. 다른 사람들은 좋은 차를 타고 해외여행을 다녔지만 쓰지 않는 것이 버는 것이라는 생각으로 절약하며 저축을 했다. 자기계발도 게을리 하지 않았다. 늘 시간을 쪼개 책을 읽고 공부를 했다. 나이가 들어가면서 봉사하는 삶을 살고 있다. 인생의 후반부는 큰 걱정이 없는 상황이다.

B는 좋은 직장에 들어갔다. 넉넉한 월급을 받으며 좋은 차를 타고 다녔다. 직장에서의 승진은 순조로웠고 누가 봐도 남부럽지 않은 출발이었다. 시간이 나면 해외여행을 즐겼다. 여웃돈은 주식에 투자했다. 주식은 하늘 높은 줄 모르고 올랐고 번만큼 더 좋은 차로 바꾸었다. 하지만 어느 순간 상황이 달라지기 시작했다. 경제위기가 오면서 오르던 주식은 곤두박질쳤다. 설상가상으로 나이가 들면서 직장에서도 퇴직 압력이 들어오기 시작했다. 초반부의 삶은 즐거웠고 남부러울 것이 없었지만 남은 후반부의 삶이 걱정이다.

C는 충분히 노력하지 않는 삶을 살았다. 계획성 없이 임기응변식으로 상황에 대처했다. 미래보다는 현실에 안주했다. 노력하지 않으면서 하는 일에 운이 따르지 않는다고 불평했다. 자신의 노력보다는 인생은 한 순간이라는 인과관계가 없는 생각을 했다. 하지만 시간이 가면서 자신의 삶이 아르바이트 인생으로 끝날지 모른다는 생각을 했고 운이란 열심히 하는 사람에게 따르는 것이라는 것을 뒤늦게 깨달았다.

삶이 각자의 몫이라는 사실을 무겁게 받아들이는 사람은 지혜로운 사람이다. 머리로의 생각과 현실적 부딪힘 사이에는 괴리감이 존재한다. 이를 간과하기 쉽다. 이 괴리감을 현실로 인정할 줄 아는 사람이 현명한 사람이다.

후회는 늘 한 발 늦게 찾아오는 법, 인생의 후반부에서 후회하지 않으려면 이에 대한 통찰이 있어야 한다. 젊은 시절이 영원히 지속되는 것은 아니다. 삶은 각자의 몫이란 말은 개인적 정의를 함의하는 말이자, 결국 사는 문제는 '자기책임'이라는 의미다.

나의 삶이 다른 삶의 거울이 될 수도

위대한 사람은 항상 자신을 통제할 줄 안다.   - 토마스 칼라일 -

    한국인이라면 백범 김구를 모르는 사람은 없다. 많은 사람들이 존경하는 인물이다. 정치인들은 말할 것도 없다. 그는 1876년 황해도 해주에서 몰락한 집안의 후손으로 태어났다. 그런 그가 오늘날 어떻게 존경받는 큰 지도자가 될 수 있었을까. 이유는 간단하다. 자신의 마음 밭을 열심히 갈았기 때문이다.

    백범은 어린 시절 토착 양반들에게 멸시와 천대를 받으며 자랐다. 이런 아픈 기억은 열심히 공부해서 집안을 일으키겠다는 생각으로 이어졌다. 하지만 열일곱의 나이로 조선조 마지막 과거시험에 응시했던 그는 매관매직, 대리응시 등의 부정행위가 만연해 있던 현실에 좌절할 수밖에 없었다. 이 시절 정직하게 공부해서 과거에 합격한다는 것은 하늘에서 별을 따는 것처럼 어려운 일이었다.

낙심해 있던 백범에게 용기를 준 것은 아버지였다. 아버지는 '마의상서'라는 관상학 책을 구해다 주며 백범에게 다시 공부할 것을 권했다. 풍수지리와 관상학 공부를 하면 적어도 굶어 죽지는 않을 것이라는 현실적인 판단에서였다. 이때부터 백범은 풍수와 관상학 공부에 매진하였다. 관상학 이론을 접할 때 마다 거울을 앞에 놓고 자신의 얼굴을 직접 비교해가며 공부했다.

그런데 그 자신의 얼굴에는 귀격이나 부격과 같은 좋은 상은 없고, 천격, 빈격, 흉격 밖에 없었다. 뿐만 아니라, 3살 때 천연두를 앓아 얼굴도 아주 천한 인상이었다. 백범일지를 보면 이때의 실망감이 얼마나 큰지 잘 나타나 있다. "과거공부에 실망하여 비관해 하고 있는데 관상공부를 하고 나서는 그보다 더 큰 비탄에 빠지고 말았다. 살고 싶은 마음이 완전히 사라졌다."

이렇듯 크게 낙심하고 있었을 때, 마의상서 마지막 부분에 눈에 확 들어오는 글귀가 있었다. '상호불여신호, 신호불여심호(相好不如身好, 身好不如心好)', 즉 '얼굴이 좋은 것은 몸이 좋은 것만 못하고, 몸이 좋은 것은 마음이 좋은 것만 못하다'는 말이었다. 이 글을 보는 순간 백범은 얼굴 좋은 사람보다 마음 좋은 사람이 되기로 결심했다. 외적수양이 아닌 마음을 닦는 내적 수양에 힘써 사람 구실을 하겠다고 다짐한 것이다.

얼마나 멋진 생각인가. 이후 그의 삶은 크게 달라졌다. 1894년 18세의 어린 나이였지만 동학에 들어갔고 이름도 창수로 개명하였다. 19세 때는 동학 농민군의 선봉장이 되어 수백명의 대원을 이끌기도 하였다. 또한 중국 상해로 건너가서는 일평생을 독립운동에 헌신하였다.

백범은 집안이 좋은 것도, 많이 배운 것도, 돈이 많은 것도 아니었다. 그럼에도 존경받는 지도자가 될 수 있었던 것은 마음의 중요성을 깨달았기 때문이다. 특히 마음속에 '들판의 눈'을 뜻하는 '야설(野雪)'이라는 애송시를 새기며 마음 밭을 열심히 갈았다. 이런 내용이다. "천설야중거(穿雪野中去), 불수호란행(不須胡亂行), 금조아행적(今朝我行跡), 수작후인정(遂作後人程)." '눈이 내린 들판을 걸을 때, 모름지기 어지러이 다니지 말라. 오늘 아침 내가 걸어간 발자국이 마침내 뒷사람의 이정표를 만들 것이다.'

스스로 자신에 대한 관리를 얼마나 철저히 했는지를 짐작할 수 있다. 중요한 것은 환경이나 조건 등의 외형적인 문제가 아니다. 자신의 마음을 어떻게 다스리고 내적수양에 힘쓰느냐의 문제다. 많은 사람들이 학벌과 경력, 외모 등 외적인 모습이 보잘 것 없다고 생각하는 경우가 많다. 하지만 열정이나 가능성을 확인하고 노력한다면 본인의 필살기를 분명 찾을 수 있다. 백범의 삶을 통해 우리는 이 세상을 어떤 자세로 살아가야 하는지를 배울 수 있다.

같은 현실, 다른 결과

마음에서 생겨난 것이 무엇이건 그것은 마음의 색깔과 온도다.   - 올리버 웬델 홈스 -

"지도(map)는 영토가 아니다." 수학자 알프레드 코집스키(Alfred Korzybski)가 한 말이다. 여기서 '지도'는 우리의 마음이고, 자신의 지각(知覺)이다. 사회과학에서 말하는 심상지도와 유사하다. 심상지도는 경험, 인식 등을 통해 이미지화 되어 우리의 마음 속에 만들어진 지도다.

예컨대 이스라엘 사람들은 가나안 땅을 젖과 꿀이 흐르는 땅으로 인식한다. 아보리진 족들의 경우도 마찬가지다. 이들이 사는 곳은 황량한 사막일 뿐이지만 그들의 눈에는 조상 대대로 이어져 내려온 삶의 터전으로 비친다. 우리의 눈에는 살기 어려운 척박한 사막에 불과하지만 이스라엘 사람들이 가나안을 젖과 꿀이 흐르는 땅으로 여기듯이 이들 역시 그렇게 생각한다.

반면, '영토'는 현실로 존재하는 물리적 세계다. 성철 스님이 말한 그대로 '산은 산이요, 물은 물'이라는 실존적 그대로의 의미다. 가시적이며 현시적인 세계다. 심상적으로 왜곡되지 않는 크기와 공간을 갖는 것이 특징이다. 이런 점에서 지도와 물리적 영토는 크게 다를 수밖에 없다.

우리의 감각기관을 통해 들어오는 모든 정보는 내면의 여과 조직에 의해 걸러지거나 재조직된다. 우리가 사물을 이해한다는 것은 있는 그대로의 실제가 아니라, 내적 작용을 통해 인식된 결과다. 그럼에도 사람들은 그런 인식을 세상 그 자체라고 생각한다. 내면의 지도로 삶의 영토를 규정하고 만다. 그 결과 그 함정에 빠져 자신의 에너지를 소모하는 경우가 많다.

우리는 지도가 세상을 이해하는 도구일 뿐, 영토가 아니라는 것을 잘 알고 있다. 그러나 많은 사람들은 이런 사실은 알면서도 자기가 믿고 있는 세상에 대한 정보가 세상 그 자체일 것이라는 우물에 빠지곤 한다. 색안경을 끼고 왜곡된 시선으로 보기도 한다. 자기가 그린 지도에 사로잡혀 필요 이상으로 스트레스를 받거나 겪지 않아도 될 고통을 겪으며 힘들어한다.

앞서 말한 대로, 성철스님은 "산은 산이요, 물은 물이다"라고 하지 않았던가. 그렇다. 산은 산이고 물은 물일 뿐이다. 산을 굳이 길을 가로막는 장벽으로 생각할 필요는 없다, 물도 그렇다. 풍랑을 만들고 배를 삼키는 위험요인으로만 인식할 필요가 없다. "마음이 흔들리면 사물이 흔들린다." 사물이 흔들려 마음이 흔들리는 것이 아니라는 채근담의 권면도 같은 맥락이다. 곧 자신의 흔들리는 마음이 그렇게 느끼게 한다.

한 부자가 살고 있었다. 어느 날 장마로 집의 담장이 무너졌다. 아들이 아버지에게 말했다. "빨리 수리하지 않으면 집 안에 도둑이 들지도 몰라요." 이웃집 노인도 같은 말로 걱정했다. 공교롭게 그 집에 진짜 도둑이 들었다. 부자의 반응은 달랐다. 같은 충고도 아들의 것은 선견지명으로 들었지만 이웃 노인의 말은 공연한 말로 들었다.

가난을 극복하기 위해 열심히 공부하는 경우가 있는가 하면, 가출하여 문제를 일으키는 경우도 있다. 이런 사례들이 바로 가난이라는 영토를 두고 서로 다른 태도를 보여주는 경우가 아니겠는가. 같은 상황에서도 한 경우는 돈을 벌어야 되겠다는 동기로 작용한 반면, 다른 경우는 가난이 자신의 앞길을 방해하는 요인으로 생각한 경우다. 같은 현실을 두고 다른 지도를 가지고 있었던 결과의 차이다.

인간에 대한 예의

법과 형벌로 다스리면 백성은 처벌을 피하면서도 부끄러운 줄 모른다.
그러나 도덕과 예의로 다스리면 부끄러움을 알고 올바른 사람이 될 것이다.　　- 공자 -

　최근 인문학 열풍이 불고 있다. 고무적인 현상이다. 인문학을 공부하는 목적은 인간답게 사는 것이 무엇인가? 어떻게 사는 것이 인간다운 삶인가를 탐색하기 위한 것이다. 이런 기저에는 인문정신이 숨어있다. 인문정신이란 인간에 대한 사랑, 타인에 대한 배려와 관용을 통해 인간다운 삶을 구현해 나가는 정신자세다.

　인문정신 속에는 인간에 대한 예의가 함의되어 있다. '예의'란 인간 존중의 또 다른 표현이다. 예의 '예(禮)'자는 보일 시(示)에 풍년 풍(豊)으로 보여서는 안 될 부분을 가린다는 의미다. 더 정확히 말하면, 타자가 불쾌감을 느끼지 않도록 가린다는 뜻이다. 그래서 사람은 누구나 예의바른 사람을 좋아한다. 여행의 경험을 생각해 보라. 옆 사람이 예의바르면 즐거운 시간이 되지만 무례한 사람을 만나면 여행 내내 불편하지 않던가.

예의는 공동체 안에서 더불어 공존하기 위한 기본적인 약속이다. 이를 지키지 않으면 공동체는 무너진다. 공동체란 서로의 운명을 같이하는 집단이다. 이런 집단 속에서 타자에 대한 예의와 배려가 없다면 어떻게 될까. 포숙과의 사귐이라는 뜻으로 잘 알려진 관중은 『관자(管子)』에서 이렇게 말했다.

"공동체를 공동체답게 만들기 위해서는 예(禮)·의(義)·염(廉)·치(恥)가 있어야 한다. '예'는 정도를 넘지 않는 것, '의'는 스스로 더 나아가지 않는 것, '염'은 악을 감추지 않는 것, '치'는 굽은 것을 좇지 않는 것이다. 관중은 이 네 가지 중 하나가 없으면 나라가 기울고, 두 가지가 없으면 나라가 위태롭게 되며, 셋이 없으면 근간이 뒤집히고, 모두 없으면 결국 망한다."

인간으로서의 도리를 거스르면 어떤 결과에 이르게 되는 지를 경고한 내용이다. 이처럼 '예의염치'는 나라와 공동체를 존재하게 하는 중요한 기본 덕목이다. 인간은 누구나 자기의 삶을 의미 있게 살고자 노력한다. 또 타자로부터 인격체로 대접받기를 원한다. 하지만 타자를 무시하면서 존중받기를 원한다면 어떻겠는가. 어불성설의 전형이 아니겠는가.

대접받기 위해서는 먼저 상대를 존중해 주어야 한다. 대접은 거창한 것이 아니다. 일상 속에서 서로 간에 예의를 지키는 정도면 충분하다. 예의를 지킴으로써 남의 인격을 존중해 줄 수 있고 내 인격도 존중받을 수 있다. 예의는 인격의 향기다. 인격의 향기는 가장 멀리 간다. 예의를 지키는 사람은 떠난 자리도 아름답다. 사랑도 예의라고 하는 그릇에 격식을 갖추었을 때 품위가 있고 아름답다.

예의는 신의를 쌓는 미덕이다. 아무리 많이 배운 사람이라도 예의가 없다면 실망스럽고 경박할 뿐만 아니라 추하기까지 하다. 인간에 대한 예의를 지킨다는 것은 자신을 사랑하는 구체적인 행위다. 자신을 사랑하는 사람만이 타인을 사랑할 수 있듯, 예의도 자애감에서 우러나올 때 진정한 예의가 될 수 있다.

원효의 반항

위인의 생애는 인간의 위대한 힘을 증명하는 영원한 유물로 남는다. 사람은 죽어 없어지지만 위인의 사상과 업적은 민족에게 영원한 발자취로 남는다. — 사무엘 스마일스 —

원효(元曉)는 종교 철학자이자, 위대한 사상가다. 원효라는 말속에는 '이 땅의 첫 새벽'이라는 의미가 있다. 그래서일까. 그는 이름의 의미만큼이나 우리의 정신세계에 커다란 영향을 끼쳤다. 그중 '일체유심조(一切唯心造)' 사상은 빼놓을 수 없다. 일체유심조는 '세상사 모든 일이 마음먹기에 달렸다'는 뜻이다.

그는 의상과 함께 중국 유학길에 올랐다. 날이 저물어 산속의 무덤가에서 머물던 중 갈증을 느껴 물을 마셨다. 다음날 마신 물이 궁금하여 주변을 둘러보았다. 그런데 이게 웬일인가. 어젯밤에 그렇게 시원하게 마셨던 물이 무덤가의 두개골에 고인 썩은 물이 아닌가. 그는 순간 무릎을 쳤다. 그렇다. '모든 것은 마음먹기에 달렸다'라는 깨달음이었다. 원효의 나이

40세였다.

이뿐만이 아니다. 사람은 누구나 '궤짝 속에 갇힌 도둑의 운명'이라고 가르쳤다. 그는 이렇게 예화를 들었다. "도둑의 아들이 아버지가 곧 죽게 될 것을 알고 도둑질을 잘 할 수 있는 방법을 가르쳐달라고 청했다. 아버지는 아들을 데리고 부잣집 창고에 들어갔다. 그리고 쌀 궤짝 속에 아들을 넣고 잠근 후 혼자 돌아와 버렸다. 아들은 궤짝 속을 빠져나오기 위해 묘안을 냈다. 궤짝 긁는 소리를 내면 주인이 쥐를 잡기 위해 들어와 문을 열어줄 것으로 생각했다. 예상은 그대로 맞아 떨어졌다. 궤짝 긁는 소리를 내자 주인이 궤짝을 열었다. 도둑의 아들은 그 순간 도망쳐 집에 무사히 돌아올 수 있었다."

막다른 골목에 이르면 무슨 일이든 할 수 있다는 점을 가르쳐주는 예화다. 원효는 도둑의 예화처럼 누구나 자기 힘으로 운명의 굴레를 벗어날 수 있다고 말했다. 가르침은 여기서 끝나지 않았다. 산속에서 홀로 공부하는 것보다는 대중과 함께 생활하면서 불교의 진리를 전하고 싶었다. 당시 불교는 왕족이나 귀족들만 믿는 종교였기 때문이다. 그가 거리에서 조롱박을 두드리며 '무애가(無碍歌)'를 부르고 다녔던 것도 그런 이유다. 무애가는 광대들이 탈을 쓰고 노는 모습에서 얻은 깨달음을 노래한 것이다.

심지어 계율을 깨뜨리고 무열왕의 셋째 딸 요석공주와 인연을 맺어 설총까지 낳았다. 원효의 장인은 김춘추다. 원효가 요석공주를 만나기 위해 불렀던 "자루 빠진 도끼를 내게 주오. 그러면 큰 나무를 찍어내 하늘을 받치겠네"라는 노래는 잘 알려져 있다. 이렇듯이 원효는 항상 대중과 함께 생활했다. 달빛과도 놀고 겨드랑이에 스미는 산들바람에게도 어깨가 들썩였다. 개구리와 풀벌레 울음소리에도 발걸음이 건들거렸다. 원효 앞에 자연은 온통 섭리이자, 사랑으로 가득 차 있었다. 바람도 물결도 사랑으로 춤추고 출렁거렸다.

그는 삶과 죽음을 넘어선 완전한 자유인이요, 주인이었다. 종교적 계율과 속박은 그에게는 의미가 없었다. 온전히 그의 삶을 살뿐이었다. 불교의 엄격한 계율을 몸으로 부수고 실천을 강행한 불교의 실천주의 철학자였다. 이런 파계와 반항의 기저에는 일체유심조라는 깨달음이 있었다.

밀레의 만종(晩鐘)은 경전이다

영혼은 불멸이고 영혼의 활동은 영원히 계속될 것이다.
그것은 마치 태양과 같다. 우리 눈에는 밤에 지는 것처럼 보이지만, 실제로는 자신의 빛을 어디론가 흐트러뜨리는 것이다.   - 요한 볼프강 폰 괴테 -

    화가 밀레의 '만종'을 본 적이 있는가. 밀레의 만종만큼 사람들에게 사랑을 받은 명화도 드물 것이다. 모든 인간관계가 적자생존으로 코드화되어가는 환경 속에서 정신적 안정감을 찾기란 쉽지 않다. 그럼에도 우리는 문득 한편의 영화나 그림을 보면서 이런 안정감을 느낄 때가 있다.

    우리는 무심코 걷던 길에서도 당연하게 여겼던 것들을 새롭게 보는 경험을 한다. 필자에게 밀레의 만종은 그렇게 다가왔다. 젊은 시절 미술 교과서나 어느 집 한쪽에 초라하게 걸려있던 그림을 보면서 그때는 어떤 느낌도 얻지 못했다. 그런데 지금은 아니다. 가끔 밀레의 만종을 보게 되면 저절로 깊은 사색에 잠기게 된다. 과거의 만종과 지금의 만종이 다르지 않을 텐데, 그 느낌은 크게 다르다.

황혼의 저녁 들녘, 멀리서 들려오는 종소리에 일을 멈추고 기도하는 부부의 모습은 깊은 울림을 주기에 충분하다. 발밑에는 감자 바구니가 있고 그 옆으로는 아직 담지 못한 감자가 흩어져있다. 멀리에는 아스라이 작은 예배당이 보이고 그 곳에서 들려오는 은은한 종소리가 저녁 들녘을 가득 메운다. 그 가운데 조용히 고개 숙여 기도하는 부부의 모습은 경건함 그 자체다. 그들은 가난한 농부의 모습이지만 표정 어느 곳에서도 삶의 고단함을 찾을 수가 없다. 오히려 감사하는 모습으로 다가온다.

밀레는 가난한 농부의 아들로 태어났다. 어릴 적 그의 재능을 알아 본 마을 사람들이 푼푼이 모아준 돈으로 파리에 가서 그림공부를 했다. 고향에 돌아와서는 농사를 지으면서 그림을 그렸다. 그런 이유로 평생 일하는 농부의 모습을 소재로 그림을 그리는데 매진했다. 〈만종〉, 〈이삭줍기〉, 〈씨앗을 뿌리는 사람〉 등이 그의 대표적인 작품들이다.

만종의 또 다른 제목은 '삼종기도'다. 삼종기도란 가톨릭에서 아침, 점심, 저녁, 하루에 세 번 기도하는 것을 말한다. 밀레가 만종을 그린 데는 어린 시절 할머니의 영향이 컸다. 밀레는 그의 할머니에 대해 이렇게 술회했다. "만종은 내가 옛날을 추억하면서 그린 그림이다. 우리가 밭에서 일할 때, 저녁 종소리가 들리면, 할머니는 어김없이 우리의 일손을 멈추게 하고 삼종기도를 올리셨다. 그럼 우리는 모자를 손에 쥐고 죽은 영혼과 불쌍한 사람들을 위해 경건하게 기도를 드리곤 했다."

그의 술회 내용도 감동적이다. 죽은 영혼들과 어려운 이웃들을 위해 기도했다는 사실로 미루어 그 삶이 어떤 모습이었는지를 짐작할 수 있다. 이 대목에서 자기 자신 하나 건사하기도 어려운데 남을 위해 기도할 수 있겠느냐고 반문할지도 모른다. 그럼에도 밀레의 만종을 볼 때마다 작은 것에도 감사하며 정성껏 살고 싶다. 상황이 어려워도 남과 비교하지 않으며 사색하는 삶을 살아가겠다는 다짐을 하는 것은 물론이다.

인내하는 사람이 익은 곡식을 수확한다.

위대한 행동을 하려고 애쓰지 않아도 된다.
인내심을 갖추는 것만으로도 위대하고 고귀한 힘을 갖는 것이다.   - 호레이스 부쉬넬 -

"인내하는 사람만이 익은 곡식을 수확한다." 아프리카의 격언이다. 이 말에 담긴 의미는 우리 생활에서도 시사하는 바가 크다. 모든 것이 익는 대는 나름대로의 시간이 필요하다. 아주 천천히 익는 과일들도 있고 늦게 익는 과일들도 있다. 모든 과일이 동시에 익지는 않는다. 때에 따라 익게 되어 있다.

꽃도 마찬가지다. 일찍 피는 봄꽃이 있는가 하면 여름에 피는 여름꽃도 있다. 가을에 피는 꽃도 있고 겨울에 피는 꽃도 있다. 인간은 어머니의 뱃속에서 통상 10개월 동안 머물지만 제대로 성숙하는 데는 평생이 걸린다. 인간이라는 열매가 완전히 성숙하는 때는 죽음에 이르는 때이다.

원래 인내라는 말은 독일어의 '짐을 짊어지다(Geduld)'라는 말에서 왔다. '짐을 지다'에 '힘든 것을 받아들이다'라는 즉, 고통을 감내한다는 의미로 사용하고 있다. 그래서 오늘날 인내란 '참고 견디어 냄', 혹은 기다림을 말한다. 이탈리아인들은 참을성 없는 사람들을 '환자(patient)'라고 부르는데 이 말은 이탈리아어의 '고통 받다'의 의미와 연관되어 있다.

인내하는 사람이 짊어지는 것은 무엇일까. 그것은 몸이나 생각으로 느끼는 고통이 아니다. 시간일 뿐이다. 기다리는 일 이외에 아무것도 할 수 없는 시간이다. 그것이 많은 사람들에게 가장 힘든 일이다. 우리가 흔히 쓰는 '일일여삼추(一日如三秋)'라는 말도 그런 의미다. 하루가 3년처럼 느껴진다는 것이다. 시간의 기다림이 사람들에게 얼마나 큰 것인지를 잘 나타내준다.

사람들은 자신들이 직접 할 수 있는 매 순간을 잡아야 한다고 생각한다. 인내한다는 것은 그냥 머물러 있는 것이 아니고 무엇이든 익을 때까지 기다리는 것이다. 아무것도 하지 않을 수 있는 사람, 성장과 성숙의 과정을 내버려 두고 지켜볼 수 있는 사람만이 잘 익을 열매를 수확할 수 있다. 마음이 급하다고 해서 익지 않은 열매를 수확할 수는 없다.

인내는 중요한 덕목 중의 하나다. 인내하지 못해 일을 그르치는 경우는 수없이 많다. 모든 일에 때가 있는 법을 가르쳐주는 것이 인내다. 밥을 짓는 데도 필요한 시간이 있고, 수확을 하는데도 때가 있다. 사람들이 각자 이루고자 목표하는 것들을 성취하는데도 인내가 필요하다. 그에 따른 시간과 노력을 투자해야 가능한 일이다. 성장과 성숙이 자기만의 뜻대로 이루어지는 것이 아님을 인정하고 자신의 내적인 변화를 인식하면서 기다리는 지혜가 필요하다.

창의력의 재발견

만들어지는 것은 만들어진 뒤에만 사랑받을 수 있지만
창조되는 것은 그것이 존재하기 이전에 사랑받는다.　　－체스터턴－

　　창의력이란 전후 맥락 속에서 상황을 이해하고 이를 기반으로 대안을 제시하거나 문제를 해결하는 능력을 말한다. 이런 능력을 기르는 것이 바로 창의력 교육의 핵심이다. 창의력은 새로운 것을 만들어내는 초능력과 같은 것이 아니다. 교육에서 말하는 창의력은 기본적인 지식을 토대로 새로운 것을 사고할 수 있는 능력이다. 흔히 많은 사람들이 생각하듯이, 어느 날 갑자기 무(無)에서 유(有)를 창조해내는 그런 능력을 의미하는 것이 아니다. 만일 그것을 창의력이라고 생각한다면 오해다. 그것은 창의력이 아닌 우연이거나 실수에 의해 만들어진 긍정적인 결과일 뿐이다.

　　창의력은 지식교육과 밀접한 관련성을 가진다. 충분한 지식적 기반이 창의력을 만들어내는 기초가 되기 때문이다. 훌륭한 건축을 하기 위해 다양한 재료들이 필요하듯이, 창의력을 제대로 발휘하기 위해서는 다양한 지식의 활용이 이루어져야 한다는 것이다. 이런 과정에서 지식교육의 기초인 이해와 암기는 필수다. 이해와 암기를 통해 기존에 축적되어진 지식을 얻게 된다.

마치 현재의 지층이 과거의 지층 위에 형성되는 원리와 비슷하다. 예컨대 현재 만들어지고 있는 충적층은 이전에 형성된 지층 위에 만들어지는 과정을 겪는다. 이처럼 현재의 지식체계가 어느 날 저절로 만들어진 것이 아니다. 모든 지식체계는 과거의 지식 위에 또 다른 지식이 축적되는 과정을 거친 결과다. 이런 체계를 충분히 이해했을 때 비로소 창의적인 문제해결에 접근할 수 있다. 창의력 교육에 대한 새로운 관점이 대두되고 있는 것도 이런 사실을 뒷받침한다.

창의력은 신이 내려준 능력이나 유전자에 의해 결정되는 타고난 것이 아니다. 관련 연구동향에 의하면, 창의력의 80%는 적절한 기술의 연마와 각고의 노력에서 나온다. 바이올리니스트나 소설가들과 같은 창의적인 사람들이 약 10,000시간, 즉 십 년 동안 매일 세 시간에 해당하는 연습을 통해 창의성을 발휘한다는 점을 지적한다. 이것이 바로 잘 알려진 '1만 시간의 법칙'이다. 창의력이 섬광과도 같은 아이디어를 통해 갑자기 무엇을 만들어 내는 능력과는 달리 오랜 학습과 훈련을 통해 얻어지는 능력이란 것이다.

이런 점에서 우리 교육에서 암기식의 지식교육이 문제라는 것은 기본적인 내용들을 이해할 수 있는 지식교육은 충분히 이루어지는 데 비해, 뒤에 이어져야 할 문제해결 능력까지 연결되지 않는 비판이다. 지식교육에 대한 교육학자 하워드 가드너의 설명도 이를 뒷받침한다.

그에 의하면 사람들이 많은 지식을 습득하고 세세한 부분까지 외워 우수한 성적을 거둔다. 하지만 그것으로 끝나면 안 된다. 중요한 것은 학습한 지식이나 개념 등을 새로운 사례나 상황에 적용할 수 있을 때 비로소 이해한 것이다. 이것이 창의력으로 이어진다는 것이다. 수학과 과학 분야에서 세계적인 수준을 자랑하고 있는 인도의 사례는 우리에게 좋은 시사점을 준다.

인도는 인도 특유의 암기에 기반한 지식교육을 강조한다. 베다수학은 좋은 사례다. 우리는 구구단만 익히지만 이들은 19단, 즉 19×19까지 외운다. 빠른 연산능력을 키우기 위한 것이다. 이를 토대로 새로운 것을 창출해 낼 수 있는 창의력 교육을 실시한다. 이런 성과는 인도만의 암기식 지식교육을 창의력으로 연결시키는 대표적인 경우다.

이것이 암기 위주의 지식교육이 모두 나쁘다고 비난할 수 없는 이유다. 문제는 우리의 경우 지나치게 지식교육에 치우친 부분을 어떻게 창의력으로 연결시킬 것이냐에 대한 고민이 없다는 것이다. 그 고민 여하에 따라 우리가 강조하는 창의력 교육의 성패가 갈릴 수 밖에 없다.

"
교육의 중요한 목적 중 하나는
세상을 보는 창문을 넓히는 것이다.
- 아놀드 글래소우 -
"

제5장

인간과 교육

인성이 곧 미래다

좋은 인성은 거울과 같다.
착하고 선한 마음을 갖고 인생을 살아가는 사람에게는 하늘도 그에게 언젠가는 행운을 줄 것이다.   - 공자 -

'교육은 국가발전의 동력이며 미래를 준비하는 작업이다'라고 했다. 한 개인에게는 일생의 기초가 되고 한 사회에는 미래가 된다. 또한 한 국가의 흥망성쇠가 교육에 달려 있다고 해도 과언은 아니다. 교육의 방향과 철학이 중요한 이유다.

율곡(栗谷) 이이(李珥)는 『격몽요결(擊蒙要訣)』에서 학문을 익히는 목적은 뜻을 세우는 것이라고 했다. 뜻을 세운다는 것은 스스로 각오를 다져야 하는 일이다. 또한 보통 사람도 옳은 것을 바로 알고 지난날의 잘못을 깨닫고 인간 본연의 본성을 찾는다면 누구나 성인이 될 수 있다고 했다.

미국의 교육학자 데이먼(Damon)은 오늘날 학교 교육이 "왜 공부를 해야 하는지," "장차 어떤 사람이 되고 싶은지," "내 인생의 의미는 무엇인지"와 같은 핵심적인 질문에 대한 성찰의 기회를 학생들에게 주지 않는다고 비판했다. 그렇다면 우리의 현실은 어떤가. 오늘날 우리의 학교 교육은 어떤 목적과 방향성을 지향하고 있는가?

현행 국가교육과정에서 추구하는 인간상은 "홍익인간의 이념 아래 모든 국민으로 하여금 인격을 도야하고 자주적 생활 능력과 민주시민으로서의 필요한 자질을 갖추게 한다. 또한 민주국가로의 발전과 인류공영을 실현하는데 그 목적을 둔다"로 규정하고 있다. 이처럼 분명히 인격도야를 천명하고 있지만 그동안 우리 교육은 학생들의 인격 형성이라는 고원(高遠)한 목표보다는 입시 교육에 매몰되는 모습을 보여왔다.

이런 분위기 속에서 학생들은 무엇을 배우고 익히겠는가. 경쟁만 치열한 학교 안에서 학생들은 버릇없는 아이, 공부의 본질적인 목적을 잃어버린 존재로 자라고 있다. 극단적인 경우에는 자신의 성적을 비관하거나 폭력을 일삼기도 한다. 우리 사회의 큰 문제로 등장한 학교폭력도 이런 문제들이 쌓여 폭발한 것이다.

이제라도 인성교육을 허울 좋은 미사여구로만 쓰지 말고 실질적인 교육으로 이어질 수 있도록 지혜를 모아야 한다. 미래 사회가 필요로 하는 인재상이 무엇인지, 변화의 시대를 준비하는 교육의 새로운 패러다임을 어떻게 구성할지를 국가적인 차원에서 다시 논의해야 할 필요가 있다.

'인성'이란 사람과 일을 대하는 행동양식에서 드러나는 개개인의 특성이다. 또한 "개인의 내면을 바르고 건전하게 가꾸며 타인, 공동체, 자연과 더불어 살아가는데 필요한 인간다운 성품과 역량"을 포괄하는 개념으로 본다. 이에 대해 하버드대 교수이자 교육자인 윌리엄 제임스는 "인성이라는 씨앗을 심으면 운명을 수확하게 될 것이다"라는 점을 강조했다.

1998년 5월 미국 워싱턴대학에서 세계적인 부호 워런 버핏과 빌 게이츠의 초청 강연이 있었다. 강연이 끝나자 한 학생이 물었다, "신보다 더 부자가 된 비결을 알고 싶습니다." 버핏의 대답은 아주 간명했다. "간단합니다. 비결은 좋은 머리가 아니라 인성입니다." 옆에 있던 빌게이츠도 그의 말을 거들었다. "저도 버핏의 말에 100퍼센트 동의합니다."

인성이 곧 실력이며 미래라는 의미다. 세상에는 수많은 사람들이 있지만 성공한 사람들의 면면을 보면 놀랍게도 닮아있다. 특히 인성 면에서는 더욱 그렇다. 하버드대학교에서도 '하버드 인성'이라는 고유명사가 있을 정도로 인성을 강조한다. 여기에는 용감함, 강인함, 겸손함, 관용, 성실함, 배움에 대한 열정과 노력 등이 포함되어있다.

좋은 인성을 지닌 사람은 긴깅한 징신과 좋은 내니로 일상생활은 물돈 학업이나 일에서도 더 수월하게 성과를 거둔다. 그들은 어떠한 역경과 시련 속에서도 굴하지 않고 내면이 주는 자신의 힘을 믿고 앞으로 나아간다 우리 사회는 4차 산업혁명 시대를 맞이하여 급속도로 변화하고 있다. 미래사회는 우리가 상상할 수 없을 만큼 변화된 사회가 될 것이다. 특히 인공지능은 인간의 사고 영역까지도 파고들 것이며 이런 시대에 인간화를 공고히 할 수 있는 인성의 중요성은 더욱 커질 수밖에 없다. 결국 '인성이 미래'가 될 수 밖에 없다는 의미다.

의지의 힘, 마음의 갑옷

의지력의 부족은 지성이나 능력의 부족보다 더 많은 실패의 원인이 된다.
사람들은 힘이 부족한 것이 아니라 의지가 부족하다. - 빅토르위고 -

    인생의 성공과 실패를 가늠하는 척도는 의지다. 뚜렷한 목표 의식이 있으면 의지는 힘을 발휘한다. 목표를 세워놓고도 좌고우면하면 의지는 힘을 잃는다. 의지는 마음의 갑옷과 같다. 지리적으로 해발 3000미터에는 수목 한계선이 있다. 이 부근에는 강한 바람에 잘 견디는 키가 작은 관목들이 자란다. 우리나라의 한라산이나 백두산에서도 볼 수 있다. 그런데 아이러니하게도 소리 공명이 가장 잘되는 명품 바이올린은 바로 이 관목들을 다듬어 만든 것이다. 세찬 비바람을 견딘 결과다.

    세상을 살면서 원치 않아도 마주하게 되는 역경과 시련을 좋아할 사람은 아무도 없다. 그럼에도 우리는 어쩔 수 없이 여러 어려움들을 견디며 살아간다. 때론 삶에 지쳐 쓰러지고 넘어질 때도 있지만 희망이라는 한 가

닥 꿈이 있어 다시 일어나 앞으로 나아간다. 앞으로 갈 수 있게 하는 그 힘이 바로 의지다.

의지는 역경과 시련 속에서 피어나는 꽃과 같다. 의지는 외부적 조건에 영향을 받지 않은 내면의 힘이다. 눈으로 볼 수는 없지만 인간만이 지닌 최고의 무기다. 아무리 애를 써도 바꿀 수 없는 부정적인 상황에서도 우리는 강인한 의지로 극복해 갈 수 있다. 하지만 의지력은 저절로 생기지 않는다. 역경과 시련을 극복할 수 있도록 스스로 다져야 한다.

토마스 카알라일(Thomas Carlyle)은 『프랑스 혁명』과 『영웅 숭배론』을 쓴 19세기 영국의 대표적인 사상가다. 그가 프랑스 혁명에 관한 글을 쓸 때의 일이다. 카알라일은 몇년간에 걸쳐 쓴 수천 페이지에 달하는 원고를 친구 존 스튜어트 밀에게 보내 검토를 부탁했다. 그런데 친구가 원고를 검토하던 중 잠깐 잠이 든 사이 하녀가 원고를 벽난로의 불쏘시개로 태워 버렸다. 카알라일이 각고 끝에 쓴 원고가 그만 물거품이 되고 만 것이다. 이 소식을 들은 카알라일은 충격으로 무력증과 실의에 빠지게 된다.

그가 다시 마음을 다잡은 것은 어느 공사장 앞을 지나며 우연히 목격한 한 장면 때문이었다. 한 벽돌공이 벽돌을 한 장씩 쌓아 올리는 것을 보고 바로 저 모습이다, 저 벽돌공처럼 오늘부터 나도 다시 원고 작업을 시작하자. 벽돌을 한 장 한 장 쌓아 집을 완성하듯이 나도 매일 한 페이지씩 새로 쓰자. 그는 날마다 한 페이지씩을 다시 쓰기 시작했다. 그렇게 해서 쓰게 된 프랑스 혁명사는 더 수정하고 다듬어 오늘날 우리가 읽는 책으로 다시 출간될 수 있었다.

결국 카알라일은 프랑스 혁명사 3권을 출판하면서 유럽에서 대중적인 유명세를 얻게 된다. 또한 영웅숭배론, 프로이센 왕 프리드리히 2세의 역사 등 역저로 걸림돌을 딛고 인생의 디딤돌을 쌓는다. 이런 사례를 통해 의지는 우리가 원하는 목표에 도달할 수 있게 하는 원동력이라는 사실을 확인할 수 있다.

다른 사람들의 소리를 듣지 못했던 음악가 베토벤도 "세상에서 가장 위대한 사람은 어떠한 역경과 시련에 봉착해도 흔들리지 않는 사람이다"라고 했다. 요즘 젊은 세대들이 흔히 하는 말로 '중꺾마(중요한 것은 꺾이지 않는 마음)'다. 의지가 강한 사람은 어떠한 역경 속에서도 흔들림이 없이 자신의 길을 묵묵히 걸어간다.

하버드 대학의 시험문제

인생은 봉사의 장소이며, 그 봉사 안에서 인간은 참기 어려운 고통을 겪는다.
그러나 그보다 더 자주 커다란 기쁨을 경험한다.   - 레프 톨스토이 -

누가 뭐래도 봉사하는 삶을 사는 것은 아름다운 일이다. 그래서일까. 요즘 학교에서도 봉사활동을 강조한다. 대학 역시 마찬가지, 학점제까지 도입해서 학생들에게 봉사를 권장하고 있다. 고무적이고 좋은 일이다. 남을 위해 좋은 일을 하고 나면 스스로 행복감을 느낀다.

얼마 전 한 일간지에 '나눔의 집'에 걸려온 전화 내용이 소개되었다. 자기 집에 남은 오리 뼈가 냉장고에 많으니 가져다 끓여 먹으라는 내용이었다. 원장은 성의는 고맙지만 정중히 사양하고 전화를 끊었지만 왠지 뒷맛이 씁쓸했다는 것.

나눔은 내가 먹고 남는 것을 주는 것이 아니라, 내 몫의 일부를 내어놓는 것이다. 즉 사과가 두 개 있다면 하나씩 나누는 것이 아니라, 한 개밖에 없는 사과를 두 조각으로 나누어 갖는 것이다. 여기에는 내 능력과 힘이 넘쳐 남을 돕는 것이 아닌 자기희생을 통해 나눈다는 깊은 뜻이 담겨 있다. 그래서 봉사는 지고의 가치 즉 '최고의 선(善)'이라고 말한다.

흔히 봉사는 아름다운 마음이 행동으로 표현된 것이라고 한다. 국가나 사회를 위하여 일하는 것, 대가를 바라지 않고 어려운 이웃을 돕는 것을 말한다. 내가 봉사하면 그 사람도 다른 사람에게 봉사하게 될 것이고 그 도움이 돌고 돌아 결국에는 그 선한 영향력이 나에게까지 오기 마련이다. 이런 점에서 봉사는 다른 사람을 위한 것이 아닌 나를 위한 일인 셈이다.

오래전 미국의 하버드대학교에서 나온 시험문제 중의 하나다. 인간이 살아가는데 가장 중요한 것 네 가지가 있다 그것은 무엇인가? 초등학생 정도의 수준만 되어도 단숨에 의(依), 식(食), 주(住)는 쓸 수 있을 것이다. 나머지 한 가지가 문제의 핵심이다. 예컨대 자유, 평화. 사랑, 등 여러 가지 답이 나올 수 있다. 그러나 결과적으로 답은 봉사였다.

세상 인심이 각박하고 메마른 속에서 남을 돕고 나눔의 가치를 실행에 옮긴다는 것은 말처럼 쉬운 일이 아니다. 그럼에도 선행의 가치를 알고 나눔의 즐거움을 느끼며 사는 사람들은 많다. 돈이 많아서가 아니라 스스로 마음으로 실천하는 사람들이다. 물질적인 도움도 중요하지만 따뜻한 마음과 사랑을 베풀고 보듬어 주는 일이다.

'빈자의 성녀'로 알려진 테레사 수녀는 인도의 칼카타 빈민가에서 '사랑의 선교수녀회'를 설립해 빈민, 고아, 노인, 나병환자 등을 보살피며 평생을 보냈다. 그런 그녀가 1979년 노벨평화상 수상식에 샌들을 신고 나왔을 때, 왜 신발을 신고 오지 않았느냐고 묻자 신발을 살 돈이면 그 돈으로 굶주린 사람들을 위해 빵을 사겠다고 말해 사람들을 한 번 더 놀라게 했다.

우리가 잘 알듯 테레사 수녀는 수녀복 대신 인도에서 가장 가난하고 미천한 여자들이 입는 흰색 사리를 입고 평생을 지냈다. 이 옷은 훗날 그녀를 상징하는 옷이 되었을 정도다. 남을 위해 아무런 대가 없이 봉사한다는 것은 참으로 어려운 일이다. 봉사의 삶을 살다간 사람들의 삶을 추적해 보면 그들은 한결같이 자신보다는 남을 위해 헌신했고 그 속에서 기쁨을 느끼며 살았던 사람들이다.

'모멘트 모리' 그리고 '아모르 파티'

죽음은 인생을 살아가면서 겪는 당혹스러운 일이다.
그 누군가가 당신이 남긴 세세한 모든 것까지 알게 되기 때문이다.　　- 앤디 워홀 -

"모멘토 모리(momento mori), 아모르 파티(amor fati)," 죽음을 기억하고, 삶을 사랑하라는 말이다. 아모르 파티에서 죽음을 기억해야 한다는 것은 인간은 죽을 수밖에 없는 존재라는 사실을 강하게 암시한다. 삶과 죽음은 동전의 양면과 같다. 이 양자는 늘 동반적인 관계다. 그래서 죽음을 기억한다는 것은 자신의 삶을 사랑하라는 역설과 상통한다.

일본 상지대학에서 죽음 문제를 연구하는 알폰스 데킨 신부에 의하면 인간은 완전한 죽음에 앞서 수많은 '부분적인 죽음(partial death)'들을 맞는다. '사회적 죽음', '정신적 죽음' 등이다. 부분적인 죽음은 배우자와의 헤어짐, 시력이나 청력상실과 같은 육체적인 노쇠 고통 등을 모두 포괄한다. 사회적 죽음은 소외와 같은 사회적 고립, 혹은 노년 시기의 고독고

(孤獨苦) 등이다. 정신적 죽음은 살아있지만 마음속에서 인간다운 삶을 중단한 상태를 말한다.

죽음을 의미하는 '사(死)'자는 부서진 뼈를 의미하는 '알(歹)'자를 '사람(人)'이 바치고 있는 형상이다. 인간은 머리에 죽음을 이고 사는 존재, 삶은 죽음을 전제로 한다는 의미다. 죽음은 누구에게나 주어지는 숙명이자 축복이지만 죽음 앞에서는 무력할 수밖에 없다. 그런 이유로 많은 철학자들은 삶이 더욱 소중하다고 말한다.

노벨은 33세의 나이로 다이너마이트를 발명하여 부를 축적했다. 어느 날 그는 자신이 죽었다는 부고기사를 보고 깜짝 놀랐다. 신문은 노벨의 형을 다이너마이트 왕 노벨로 착각하고 '노벨, 사망하다'라는 제목으로 기사를 실었던 것이다. 버젓이 살아 있는 사람을 죽었다고 한 것도 놀라운 일이지만 노벨에게는 그보다 더 충격적인 사실이 있었다. "다이너마이트의 왕 죽다, 죽음의 사업가, 파괴의 발명가 죽다"라고 난 내용 때문이었다.

순간 노벨은 생각했다. 자신이 정말 죽었다면 '죽음의 사업가', '파괴의 발명가'라는 이 기사가 정말 사실이 되지 않았을까. 오늘이라도 죽는다면 사람들은 나를 어떻게 평가할까. 이 일을 계기로 노벨은 자신의 전 재산을 인류의 평화와 번영을 위해 공헌한 사람들에게 지원하기로 마음먹고 노벨상을 만들었다. 인간은 죽을 수밖에 없는 존재라는 사실을 통해 얻은 교훈의 결과다. 모두 노벨처럼 해야 한다는 것은 아니다. 그럴 필요도 없다. 죽음을 생각하면 삶이 조금은 달리 보인다는 점이다. 자신이 처한 상황 속에서 어떻게 살아야 할지를 다시 고민해 볼 수 있다. 죽음은 소망으로 이어지고 믿음은 바라는 것들의 실상이다. 소망은 삶을 풍요롭게 하고 의지

있는 삶으로 만든다. 그러므로 소망이 없는 삶은 죽은 삶이나 마찬가지다. 무엇인가를 소망한다는 것은 자신이 원하는 목표와 방향으로 한 발짝 더욱 다가가게 하는 일이다.

가수 김연자씨가 부른 '아모르 파티'라는 노래가 있다. "산다는 게 다 그런 거지, 누구나 빈손으로 와서, 소설 같은 한 편의 이야기들을 세상에 뿌리며 살지, 오늘보다 더 나은 내일이면 돼, 인생은 지금이야 아모르 파티, 인생이란 붓을 들고서 무엇을 그려야 할지, 고민하고 방황하던 시간이 없다면 모두 거짓말이지, 쏜 화살처럼 사랑도 지나갔지만, 그 추억들 눈이 부시면서도 슬펐던 행복이여, 나이는 숫자, 마음이 진짜, 가슴이 뛰는 대로 가면돼, 이제는 더이상 슬픔이여 안녕."

노랫말 그대로 '아모르 파티'를 잘 나타내고 있다. '마음이 진짜, 가슴이 뛰는 대로 가면 되는 거야'라는 의미는 현재의 삶을 어떻게 살아야 하는지를 그렸다. '인생은 지금이야'를 외치면서 파티를 하는 기분으로 사는 것도 분명 중요하다. 그럼에도 모멘트 모리, 삶의 파티가 끝나는 순간도 생각해볼 일이다. 그래야 지금의 아모르 파티가 더욱 의미 있고 신나지 않겠는가.

'4.0 시대'의 인간소외와 독서

인간에게 영감을 주는 것은 오직 책뿐이다.
준비된 독자는 그렇지 않는 독자보다 더 많은 것을 얻을 수 있다.　　－E.M. 포스터－

　　최근 들어 '세계화 4.0'이란 말이 심심치 않게 등장한다. 새로운 지구촌을 지배하는 사회구조로 4.0 세계화가 도래했다는 의미. 일차원적으로 출발한 세계화가 인공지능, 모든 사물을 인터넷으로 연결하는 다차원적인 세상으로 빠르게 진화되고 있음을 나타내준다.
　　제네바 외교개발대학원 리처드 볼드윈 교수에 의하면 1.0은 제1차 세계대전 이전의 세계화였다. 하지만 이 시기는 대공황, 공산주의와 파시즘의 등장으로 막을 내렸다. 2.0은 세계무역기구(WTO), 국제통화기금(IMF) 등이 주도적으로 이끈 세계화다. 3.0은 기업이 이끌었고 저렴한 생산비를 찾아 국제적으로 이동이 활발했던 세계화다. 현재는 글로벌 프리랜싱, 플랫폼, 첨단 통신기술, 컴퓨터에 의한 통역 등 각종 디지털 기술 발달로 서비스업의 지리적인 한계가 사라진 세계화 4.0시대다.

이런 상황에서 인간소외는 커다란 문제가 되었다. 세계화의 마지막에는 '사람', 즉 개개인의 문제가 있다고 말하는 것도 이런 이유다. 그래서일까. 세계적인 뇌 연구자 매리언 울프의 지적은 의미가 크다. 순간 접속의 시대를 살아가는 우리의 뇌가 인류의 가장 기적적인 발명품인 '독서(Reading)'를 잃어버릴지도 모른다고 우려한다는 점에서다.

미국의 법학자 마사 누스바움에 의하면 자유와 정의가 조화를 이루는 사회가 되려면 개개인이 '사랑의 역량'을 갖춰야 한다. 더 정확히 말하면 신이 사라져 버린 현대사회에서 문학이 '시민종교'로서 그 역할을 대신한다는 것이다. 이런 점에서 독서는 매우 중요한 역할을 한다. 문학은 더욱 그렇다. 철학이 외적 권위에 기대지 않고 스스로 생각하기를 권유하는 것이라면, 문학은 우리가 무엇을 어떻게 느끼면서 살아가는지를 잘 보여주기 때문이다.

책을 특히 문학을 읽는 것은 개인의 세계관과 타자에 대한 공감 능력에 영향을 준다. 실제로 연구에 의하면 소설을 자주 읽는 사람과 그렇지 않은 사람은 감정 상태가 다르다. 소설을 자주 읽는 사람은 남의 마음을 잘 이해하고 남의 이야기에 쉽게 공명하며 남의 관점에서 세상을 볼 줄 안다. 아이들도 마찬가지다. 독서를 많이 할수록 남의 마음을 잘 이해하는 등 사회성이 좋아진다. 즉 읽기를 통해 괜찮은 시민양성에 기여할 수 있다는 것이다.

기술과 정보에 능한 전문가만 있고 문학을 읽는 시민이 없다고 생각해 보라. 사회는 모두 자신의 이익만을 추구하는 검투장이 된다는 것은 불을 보듯 뻔하다. 우리가 잘 알 듯 많은 철학자, 사상가들은 모두 글 읽기에 심취했다. 공동체에는 반드시 우애와 같은 공적 감정이 필요함을 알았기 때문일 것이다.

독서에는 이기(利己)적 존재인 인간을 이타(利他)적 존재로 바꾸는 힘이 스며있다. 하루하루 생각 없이 되는대로 살다 보면 살면 삶은 길을 잃는다. 삶에는 정법이 없고 사회엔 정해진 모양새가 없지만, 항상 그런 생각으로 허무와 싸울 수는 없는 일이다. 책을 읽는다는 것은 의미를 찾는 인간의 선한 행동을 촉진시키는 일이다. 또한 문학을 읽는다는 것은 낯선 언어를 수용하고 낯선 감정을 배우는 일이다. 미국의 작가 조이스 캐럴 오츠의 말처럼 문학을 읽을 때 우리는 비로소 "비자발적으로 다른 사람의 피부, 다른 사람의 목소리, 다른 사람의 영혼 속으로 미끄러져 들어간다." 개인이 파편화되어가는 세계화 4.0시대에 독서가 왜 필요한지에 대한 충분한 이유다.

거짓말 사회에서 살아남기

인간은 자기 자신에게 솔직해야만 남들에게도 솔직할 수 있다.
자신에게 솔직하지 못한 자는 가망 없는 환자와도 같다.　　- 윌리엄. J.H 보엣커 -

　사람은 자기 자신에게 솔직해야 남에게도 솔직할 수 있다. 정직은 자신과의 정의를 지키는 것, 즉 자신과의 약속이다. 그 약속을 지키는 건 힘들지만 허물어지는 건 순간이다. 정직이라는 말속에는 '신뢰와 믿음'이란 뜻이 함축되어 있다. 인간관계에서도 정직은 최선의 방책이다.
　독일의 역사학자 볼프강 라인하르트는 그의 책 『거짓말하는 사회』에서 인간은 하루에도 200번의 거짓말을 한다고 했다. 거짓말의 횟수에 놀라지 않을 수 없다. 악의적인 거짓말이든, 선의의 거짓말이든 일상에서 거짓말을 많이 한다는 것은 분명해 보인다. 이렇게 보면 우리는 매일 거짓말하는 사회 속에서 산다고 해도 과언이 아니다.
　선거철만 되면 정치인들이 거짓말하는 것은 어제오늘의 일이 아니다.

그들은 표를 얻기 위해 유권자들에게 지키지도 못할 공약을 남발하고 거짓말을 밥 먹듯 한다. 과거 소련의 공산당 서기장이었던 후르시초프도 "정치인들은 강이 없는 곳에도 다리를 만들어 준다"고 말했을 정도다. 멀리 갈 것도 없다. 인사청문회에서 벌어지는 우리의 모습을 보자. 후보자들은 자신에게 불리한 질문에는 한결같이 "모른다" 아니면 "기억이 없다"로 일관한다. 이런 모습들을 보면 저렇게 기억력이 없는 사람들을 왜 그렇게 높은 자리에 앉히려고 하는지 이해하기 어렵다.

공자는 "잘못하는 것이 잘못이 아니라, 잘못을 고치지 않는 것이 잘못이다"라고 말했다. 인간은 누구나 실수할 수도 있고 선의의 거짓말을 할 수도 있다. 그러나 자신의 양심을 속이면서까지 하는 거짓말은 범죄행위다.

행복한 사람의 무기는 정직함이라는 말이 있다. 정직은 자신의 정체성을 지키는 최선의 태도다. 사람은 정직할 때 신뢰감을 주고 믿음을 준다. 또한 정직은 사회를 묶는 끈이다. 미국의 제35대 대통령 케네디의 사례를 보자. 그는 하버드대학 재학 중 시험을 보면서 부정행위로 처벌을 받았다. 이는 케네디 인생에서 커다란 오점 중의 하나였다. 훗날 케네디가 대통령 후보로 대선을 치르게 되었을 때 큰 쟁점으로 떠올랐다. 어쩌면 그의 정치 인생이 그대로 끝날지도 모를 일이었다.

하지만 케네디는 하버드 정신을 욕보이지 않았다. 그는 매우 솔직하게 당시의 잘못을 인정하고 진심으로 뉘우치며 말했다. "지난날 제가 저지른 잘못을 인정하고 사과합니다. 이를 통해 무슨 일을 하든지 잔꾀를 부려서는 안 된다는 교훈을 얻었고 성실하게 살아야 한다는 사실을 뼈저리게 느껐습니다." 그 결과 케네디는 대통령에 당선되었다. 자신의 잘못을 인정하고 이를 숨기지 않는 정직함에서 오히려 그를 지지했던 것이다.

현명한 국왕이 있었다. 자식이 없었던 왕은 양자를 들이기로 하고 전국에 그 사실을 알렸다. 왕은 모든 남자 아이들에게 꽃씨를 나눠주고 가장 아름다운 꽃을 피운 아이를 양자로 삼겠다고 했다. 꽃씨를 받아든 아이들은 정성을 다해 꽃이 피기를 기다렸다. 시용르라는 아이 역시 정성껏 꽃씨를 가꾸었지만 꽃씨는 싹조차 트지 않았다.

국왕이 정한 날, 아이들은 모두 꽃이 활짝 핀 화분을 들고 나왔다. 그때 국왕이 빈 화분을 들고 있던 시용르를 발견했다. 왕이 물었다. "너는 어찌하여 빈 화분을 들고 왔느냐?" 시용르는 대답했다. "저도 정성을 다해 꽃씨를 돌보았지만 싹이 올라오지 않았습니다." 왕은 시용르에게 말했다. "네가 바로 내가 찾는 아이다. 내가 나눠 준 꽃씨는 꽃이 필 수 없는 모두 삶은 씨앗이었다."

다른 아이들은 꽃이 피지 않자 거짓으로 다른 꽃씨를 심어 꽃을 피웠던 것이다. 사람은 자신에게 솔직해야 남에게도 솔직할 수 있다. 물론 모든 사람이 정직하다고 믿는 것은 어리석은 일이다. 그러나 세상에 정직한 사람이 아무도 없다고 믿는 것은 더더욱 어리석은 일이다.

위대한 침묵의 힘

사람들은 대부분 말을 너무 많이 한다.
내 성공의 많은 부분은 내가 입을 다물고 있었던 것에서 기인한다.　― J. 오그든 아무르 ―

　요즘처럼 자유롭게 자신의 의사를 쉽게 표현할 수 있는 시대가 있었던가. 인터넷과 미디어 덕분이다. 이런 속에서 침묵은 아무런 의미가 없을지도 모른다. 하지만 백 마디 말보다 침묵이 더 가치 있을 때가 있다. 현명한 사람은 말할 때와 침묵할 때를 가리는 지혜가 있다. 나폴레옹은 훌륭한 웅변가였지만 동시에 침묵의 달인이기도 했다. 그는 침묵이 지니는 무게감을 충분히 인식하고 있었다.

　나폴레옹이 전장에 나가기 전 사열을 받기 위해 단상에 올라갔다. 병사들은 승리의 중요성을 강조할 것으로 예견했지만 그는 굳은 표정으로 병사들을 한 번 둘러보았을 뿐, 아무 말도 하지 않고 단상을 내려왔다. 이 모습을 본 병사들은 이번 전쟁이 얼마나 중요한지를 스스로 느낄 수 있었다.

이처럼 침묵은 말로 직접 표현하지는 않지만 얼마든지 의도한 메시지를 전할 수 있다.

인간과 인간의 만남에서 말은 그렇게 중요하지 않다. 말이 머리에서 충분히 여물지 않고 그냥 밖으로 쏟아져 나오는 것은 배설과 크게 다르지 않다. 옛말에 "입에 말이 적으면 어리석음이 지혜로 바뀐다"고 했다. 무게가 없는 언어는 울림을 줄 수가 없다는 것이다. 이뿐만이 아니다. 생각 없이 내뱉는 말들이 우리 사회를 얼마나 혼탁하게 만들었던가. 또한 내가 사랑하는 사람들에게 얼마나 많은 상처를 주었던가.

디누아르 신부는 자신의 저서『침묵의 기술』에서 언제 침묵해야 하는가, 어떻게 침묵해야 하는가, 적절한 침묵은 무엇인가에 대해 언급하고 있다. 그에 의하면 침묵은 내적 자기통제의 수단이다. 또한 침묵을 배우기 위해서는 훈련이 필요하며 고요함이 주는 힘을 깨달을 필요가 있다고 말한다.

『누구나 한번은 집을 떠난다』의 저자 도연 스님 역시 "입으로 들어가는 것이 사람을 더럽게 하는 것이 아니라 입에서 나오는 것이 사람을 더럽게 만드는 것"이라는 지적도 같은 맥락이다. 아침에 눈을 뜨면 언어의 소음으로 가득 찬 세상에서 스스로 침묵을 지키는 것이 세상의 소음 하나를 줄여주는 것은 아닐까. 고요함은 그 자체가 어떤 노래보다 음악적일 수 있다는 점에서다. 침묵은 영원처럼 깊고 말은 시간처럼 얇다. 참고로, 위에서 디누아르 신부가 언급한 침묵의 유형으로는 신중형 침묵, 동조의 침묵, 교활한 침묵, 아부형 침묵, 조롱형 침묵, 감각적인 침묵, 아둔한 침묵, 정치적 침묵, 신경질적인 침묵이 있다.

클라망드와 비도덕적 사회

양심은 하늘이 준 작은 불꽃이다.
그것이 너의 가슴에서 계속 타오르도록 노력하라.　　- G. 워싱턴 -

　우리는 흔히 양심을 '영혼의 목소리'라고 말한다. 또한 양심은 '영혼의 거울'이라고도 한다. 거울을 비추어 자신의 모습을 비추어 보듯 우리는 양심의 소리를 통해 선과 악을 판단한다. 우리가 행(行)해도 괜찮은 것과 해서는 안 되는 것을 판단하는 마음의 잣대 역할을 하는 셈이다. 이런 이유로 우리는 일상에서 흔히 "아, 그 사람 양심 있는 사람이야," "아, 그 사람 양심도 없는 사람이라는"란 표현을 쓴다.

　양심의 사전적 의미는 "사물의 선악을 구별해 나쁜 짓은 하지 않고 바른 행동을 바라는 마음"이다. 도덕과 윤리가 사회적인 합의의 성격을 띤다면 양심은 철저히 개인적인 덕목의 문제다. 예컨대 세상 사람 모두를 속여도 자신의 양심은 속이지 못한다는 말 그대로다. 도덕적 사회적으로 문제가 되지 않지만 자신 내부의 판단에 의한 것이다. 정치적으로 법률적으로 유죄를 선고받았지만 스스로 떳떳함을 일컫는 양심수란 말도 같은 맥락이다.

알베르트 까뮈의 작품 『전락』에는 변호사 클라망스에 관한 이야기가 나온다. 그가 세느강 다리를 건너는데 다리 위에서 우는 한 여자를 발견한다. 순간 강으로 뛰어내리려고 한다는 사실을 직감적으로 알아차린다. 이때 그는 자신의 내면에서 들려오는 소리에 갈등한다. "빨리 저 여자를 도와줘야 해, 그렇지 않으면 거센 강물로 뛰어들 거야," 또 다른 소리는 "아니야, 바쁜데 그냥 지나가야 돼, 아닐 수도 있잖아, 도와주었다가 괜히 귀찮은 일에 휘말릴 수도 있어," 그는 결국 갈등을 뒤로 하고 지나치는 순간 풍덩하는 소리가 들렸다.

그런데 이상한 일이 일어났다. 젊고 유능했던 변호사 클라망드는 양심의 가책에 시달리게 된다는 점이다. 사실 그가 강물에 몸을 던진 여자를 구해 주어야 할 책임은 없다. 그러나 그의 양심은 그의 행위를 용납하지 않았다. 양심과 책임은 다르다는 것을 잘 보여주는 사례다. 책임의 문제가 아닌 양심의 문제다.

우리의 현실에서 벌어지는 일들도 이와 크게 다르지 않다. 같은 상황에서도 모른 척 지나치는 사람들이 있는가 하면, 적극적으로 나서 자신의 일처럼 돕는 사람들이 있다. 주변 사람들이 곤경에 처했을 때 반드시 도와야 할 의무가 주어진 것은 아니다. 그럼에도 이들을 돕는 것은 우리 속의 선성(善性)과 양심 때문이다. 예컨대 교통사고로 차에 깔린 사람을 구하기 위해 너나 할 것 없이 달려가는 모습, 위험을 무릅쓰고 소매치기나 범죄자에게 맞서는 것은 모두 의무가 아닌 양심에서 비롯된 행위다.

양심의 가책을 받는다는 것은 양심상으로는 유죄다. 더 정확히 말하면 도덕적 책임은 무죄, 법률적 책임도 무죄, 하지만 양심상으로는 유죄라는 것이다. 성서적으로 보면, 인간은 선한 존재다. 절대자는 인간을 자신의 선성을 그대로 인간에게 투영했고 인간은 그렇게 피조물이 되었다. 태초 에덴동산에서 하와가 지혜를 알게 하는 '선악과'를 아담에게 권했던 사실은 이를 잘 보여준다. 하와는 이 열매를 따먹어서는 안 된다는 사실을 이미 잘 알고 있었음에도 결국 그 열매를 땄고 그것을 먹도록 부추겼다는 사실이다.

도덕이 사회적 산물이라면 인간의 양심은 생득적이다. 하지만 도덕과 양심의 발현은 저절로 이루어지지 않는다. 교육적 노력을 필요로 한다. 우리는 교육을 통해 인간으로서 지켜야 할 도덕과 윤리적 덕목, 사회질서와 공공의 안녕을 위한 덕목들을 배우고 익힌다. 사회가 복잡해질수록, 인간의 기술력이 발달할수록 도덕과 윤리, 인간 본성에 대한 교육의 필요성이 강화될 수밖에 없다. 학교 현장에서 인성교육을 강화해야 한다는 목소리가 커지는 것도 이런 이유다.

전반적인 사회 교육적 노력도 필요하다. 사회는 개인들의 집합체로 이루어진다. 사적인 관계에서는 개인적 양심의 기능에 의해 많은 문제가 해결된다. 또한 인간미가 넘치는 관계를 만들어 갈 수도 있다. 하지만 사회라는 집단은 다르다. 개인의 양심과 도덕보다는 집단적 이기심의 논리가 크게 작용한다. 미국의 프로테스탄트 신학자 니버(Niebuhr)의 표현을 빌리면 '비도덕적 사회'라는 말 그대로다.

개인들 간의 도덕 문제가 되었든, 집단 혹은 집단 간의 문제가 되었든, 모든 문제의 열쇠는 결국 교육의 힘에 달려있다. 사회가 급격하게 변하고 인간 정신이 금속화되어 갈수록 인간이 인간답게 살 수 있는 근본을 깨우치고 느끼게 하는 것 또한 교육의 힘이다.

때론 불가근불가원(不可近不可遠)도 약

사람들과 사이좋게 지내는 비결의 절반은 그들의 의견을 고려하는 것이다. 나머지 절반은 자기의견에 관용을 지니는 것이다.   - 다이넬 프로먼 -

어느 집단에서든 소통은 매우 중요하다. 소통은 모든 인간관계의 질적 수준을 결정하는 제1요소라는 점에서다. 소통이 원만하게 이루어지지 않는 관계는 여러 어려움을 겪게 된다. 물의 흐름이 막히면 어느 부분에선가 봇물이 터지는 것과 마찬가지다. 이런 단절은 결국 오해와 불신, 나아가 타자에 대한 몰이해, 편견으로 이어진다.

하지만 이렇듯 중요한 소통관계를 제대로 유지해 갈 수 있느냐 하는 것은 쉬운 일은 아니다. 말처럼 쉬운 일이라면 소통 부재로 인한 문제들은 발생하지 않을 것이다. 사실 완벽한 소통은 불가능하다. 때문에 소통을 위한 노력이 더욱 중요한 관건이 될 수밖에 없다.

이때 서로를 제대로 마주 보고 이해하려고 노력하는 태도가 필수적이다. 그러나 여기에는 한 가지 중요한 기술적 문제가 전제되어야 한다. '조작(操作)적 의도성'이다. 이는 악의적 의미의 조작이 아닌, 선의적 의도성을 의미한다. 예컨대, 부부가 완전한 소통을 위해 서로의 과거를 고백하기로 했다면 그것이 이들의 행복한 미래를 보장해 줄 수 있을까. 오히려 과거가 문제가 되어 불행한 결혼 생활을 자초할 수도 있다.

우리는 때론 특정 명제가 현실 속에서 어떻게 실천되고 구현되어야 하는지에 대한 실천적 구체성을 고려하지 않는 경우가 많다. 위의 예시처럼 완벽한 소통이 가장 바람직하다는 것을 알면서도 그것을 현실 속에서 어떻게 이루어 갈 것인가의 문제를 고민하지 않으면 안 된다. 이런 문제들은 단순한 것 같지만, 이에 대한 실천적 기술의 부족으로 소통 관계를 악화시키는 경우를 흔히 보게 된다.

이런 경우다. 아버지가 교육적 모델이 되기 위해 최선을 다한 만큼 아이들에게도 이에 상응하는 요구를 한다고 가정해 보자. 아버지의 기대심리와 아이의 행동이 적절히 일치를 이룬다면 문제는 없다. 하지만, 그렇지 않다면 갈등은 더욱 커질 수 있다. 결과적으로 아버지의 좋은 의도가 소통을 어렵게 만든 패러독스가 되어버린다.

'불가근불가원(不可近不可遠)'이란 말이 있다. 적당히 어느 정도 거리를 유지하란 의미다. 일견 진정한 소통과는 관련성이 없는 것처럼 보인다. 하지만 경우에 따라서는 소통의 활성화를 가져올 수 있는 묘약이 될 수도 있다. 지나치게 접근하지 않으면서도 지나치게 멀어지지 않는 줄다리기 관계를 유지하는 것이다. 완벽한 소통 관계를 이룰 수 없다면 이런 원리가 차선책이 될 수도 있다. 이것이 바로 '조작적 의도'다. 때론 알면서도 넘어가는 일종의 지혜인 셈이다.

　필자는 지금까지 진정한 소통의 의미가 무엇일까를 고민해 왔다. 그 결과 상호존중이 근간이 되는 불완전한 소통, 소통 부재나 단절이 아닌, 불가근불가원적인 소통이 해답이라는 사실을 깨달았다. 물론 이것은 경험적 결론이다. 따라서 개인의 경험이 다수에게 일반화될 수 없다.

　그럼에도 현실적으로 완전한 소통이 어렵다면 차선의 대안이 될 수는 있다. 이런 차선책이 소통의 부재나 갈등을 증폭시켜가는 것보다는 훨씬 효과적이기 때문이다. 분명한 것은 완벽한 소통을 하겠다는 지나친 욕심이 결과적으로 서로에게 치유할 수 없는 상처를 주어서는 안 된다는 것이다. 이것이 필자가 말하는 '불가근불가원'의 역설이다.

부모들이 자식으로부터 독립해야

삶의 참된 행복은 걱정과 불안에서 벗어나는 것이요,
신과 인간에 대한 우리의 의무를 이해하고 행하는 것이요, 미래에 의존하지 않고 현재를 즐기는 것이다.
- 세네카 -

부모들이 자식으로부터 독립해야 한다. "이 무슨 소리야, 오히려 아이들이 부모로부터 독립해야되는 것 아냐?"하고 일성(一聲)할 수도 있다. 하지만 필자는 생각이 다르다. 적어도 우리 사회에서는 거꾸로 부모가 자식으로부터 독립해야 한다. 그것이 정상이다. 또 지론이기도 하다. 이 땅의 부모들은 자식을 위해 평생 온몸을 바치기로 각오했기 때문이다.

자식을 위한 희생도 가히 이런 희생은 없다. 자식의 인생을 걱정하여 그들의 인생 설계까지 대신해줄 정도다. 낳았으면 잘 기르는 것은 당연하다. 훗날 제대로 역할을 할 수 있도록 염려하는 것도 필요하다. 하지만 수많은 부모들은 스스로 '유한책임'이 아닌 '무한책임'을 지고 나선다. 오직 그것을 자식에 대한 부모의 사랑이라고 생각한다. 여기에 모성을 강조하는 우리 사회의 분위기도 한몫을 한다.

  부모들을 탓하기는 어렵다. 자식의 성적이 부모의 성적이 되는 나라에서, 자식의 입신양명이 부모의 양명으로 통하는 사회에서 자식들과의 분리불안은 견디기는 어려울 것이다. 이런 와중에서 부모들은 정작 자신들을 돌보지 못한다. 무한책임이 궁극적으로 자식을 망치고 있다는 사실을 깨닫지 못한다.

  자식은 자식들대로 이를 당연한 것으로 받아들인다. 상황이 이러니 자식은 자신의 문제를 부모 탓으로 돌리기까지 한다. '부모가 가난해서', '부모가 능력이 없어서'와 같이 '부모 탓 신드롬'으로 나타날 정도다. 성인이 되어서도 자신의 문제를 부모에게 맡긴다. 흔히 말하는 백수 문제도 그렇다. 물론 이런 문제는 사회구조적인 문제로 접근해야 하지만 한 부분 자식에 대한 무한책임이 그렇게 만들었다. 땀 흘리기를 싫어하는 자식들의 태도와 땀 흘리는 일을 원치 않는 부모들이 만들어낸 합작품이다.

  우리의 문제는 바로 이것이다. 자식의 인생은 자식의 인생으로 맡겨두지 않는 것, 스스로 자신들의 문제를 해결할 수 있도록 돕지 못한 것이다. 키우는 것은 학교를 졸업할 때까지면 충분하다. 이후는 본인들의 몫이고 책임이다. 이를 인식하지 못한다면 자식들의 의존성은 끝내 부모를 옥죄는 사슬이 되어 돌아올 가능성이 크다. 그럼에도 자식에 대해 무한책임을 지기로 마음먹었다면 할 수 없는 일이다. 죽는 날까지 자식을 머리에 이고 살아야 한다.

  앞서 밝혔듯이, 해결책은 자식이 독립하는 것이 아니다. 부모가 자식으로부터 독립하는 것이다. 이것이 문제를 해결할 수 있는 최선책이자 급선무다. 이 땅의 부모들은 모두 현명하다. 자식에게 유한책임만을 진다는 것, 이는 부모도 살고 자식도 살리는 일이다. 이제는 자식으로부터 독립선언을 해야 한다.

서두르지 말되, 쉬지도 말자

근면은 행운의 어머니이다.
근면 없는 삶은 죄악이고 예술이 없는 근면은 야만이다.　　－러스킨－

　'마부위침(磨斧爲針)', '도끼를 갈아 바늘을 만든다.' 성실히 노력하다 보면 언젠가는 뜻을 이루게 된다는 의미다. '절차탁마(切磋琢磨)'도 있다. 옥이나 돌을 갈아 빛을 낸다는 뜻이다. 이들 교훈적 성어에는 한 가지 공통점이 있다. '근면'과 '성실'이란 덕목이 함축되어 있다.
　오늘의 시대적 특징은 스피드로 요약된다. 속도전과 다름없다. 세상의 모든 일들이 전광석화처럼 돌아간다. 사람들은 이런 스피드에 매몰된다. 한순간 해찰이라도 하게 되면 다른 사람을 따라갈 수가 없다. 이런 이유로 이 시대에 '느림'은 결코 환영받지 못한다. 요즘 아이들 공부도 예외가 아니다. 선행학습은 기본이다. 중학교 3학년은 고등학교 1학년 공부를 한다. 고등학교 2학년 말 정도가 되면 3학년 진도가 끝난다. 모두 속도가 빠르다.

하지만 여기에 묻혀가지 않는 공부도 있다. 자기만의 페이스로 천천히 가는 학습이다. 곁눈질하지 않고 주변을 의식하지 않는다. 자기 자신을 공부의 중심에 둔다. 때론 초조하기도 하지만 자신감으로 이를 극복한다. 스스로를 이겨내는 심력(心力)이 있다. 또 이들의 발걸음은 우보(牛步)와 같다. 항상 일정한 보폭으로 걸어간다.

남들이 빠르게 달려가지만 종착역에서 다시 만나게 된다는 확신만 있다면 느린 공부도 괜찮다. 일희일비(一喜一悲)하지 않아도 된다. 스피드는 빨라서 장점도 있지만 단점도 있다. 스피드에 올라탄 경우 이들의 공부는 기복이 심하다. 좋은 성적으로 달릴 때는 신나지만 그렇지 못할 때는 땅이 꺼지고 하늘이 무너져 내린다.

"느린 공부도 괜찮아"라고 생각한다면 마음의 중심만 잡으면 된다. 그래도 중심이 잘 잡히지 않는다면 우리에게 친근한 '토끼와 거북이'의 우화를 생각해 보라. 토끼는 빠르게 달렸지만 결과적으로 거북이가 승리했다. 짧게 보느냐, 길게 보느냐의 차이다. 긴 호흡으로 보면 별 차이가 없다.

하지만 여기에는 한 가지 중요한 사실이 있다. 거북이의 근면 성실한 자세가 있었다는 점이다. 근면과 성실은 오늘날 스피드에 비하면 '느림'이다. 그럼에도 자신의 목표를 향해 쉼 없이 앞으로 나가는 끈기의 철학이다. 이 철학은 속도는 느리지만 차분함이 있어 좋다. 모두가 바쁘게 움직이는, 서로 먼저가려고 하는 세상에서 성실하게 자신을 가꾸어 가는 것도 분명 아름다운 모습이다. 비록 빠른 것을 당연하게 여기는 세상이지만 이렇듯 다른 방법으로 자신을 지켜가는 방법도 있다.

이런 이야기는 곳곳에서 나온다. 중용(中庸)에서는 '불성무물(不誠無物)', '성실이 없으면 세상에 되는 일은 하나도 없다'라고 했다. 프랑스 실존주의자 가브리엘 마르셀(G. Marcel)도 성실철학을 강조했다. 그는 "성실이 없는 곳에 존재가 없고, 성실의 정도가 존재의 정도를 결정한다'라고 말한다. 성실에 관한 권면은 문학가들도 빼놓지 않는다. "서두르지 말라, 그러나 쉬지도 말라." 이 역시 괴테가 남긴 유명한 말이다.

자존감, 나를 지키는 힘

무엇보다도 너 자신에게 진실한 사람이 되라.
그 힘이 인생을 지배할 때 훌륭한 삶을 살아갈 수 있다.　　- 셰익스피어 -

　인생에서 나답게 살아가는 것은 중요하다. 나로 당당하게 살아가는 것이 쉬워 보이지만 사실은 만만치 않은 일이다. 삶 속에서 자의든 타의든 남과 비교할 때가 많다. 학창 시절에는 성적 콤플렉스, 직장 생활에서는 연봉 콤플렉스, 사회생활에서는 외모 콤플렉스 등을 느낀다. 비교와 차별은 사람을 평가하는 편견으로 굳어져서 끊임없이 자신을 괴롭힌다. 내가 나로 당당하게 살아가는 것이 어려운 이유다.
　인지 심리학자 나다니엘 브란덴(Nathaniel Branden)은 "자존심이 낮으면 어려움을 겪을 때 두려움과 우울감에 빠질 가능성이 크지만 자존감이 높으면 우울감에 빠진다고 해도 빨리 극복할 수 있다"고 말한다. 또한 자존감이 높은 사람은 타인을 수용할 수 있는 여유가 있어 자존감이 낮은 사람들에 비해 더 행복하다는 것이다.

자존감은 자신을 긍정적인 존재로 평가하며 자기를 존중하고 사랑하는 감정을 말한다. 즉 타인과 상관없이 내가 나 스스로 존중하고 아끼는 마음이다. 여기에는 객관적이고 중립적인 기준은 존재하지 않는다. 오직 자신의 존재가치에 집중하는 개념이다. 때문에 우리가 일상에서 흔히 말하는 자존심과는 상당한 차이가 있다.

자존심은 타인이 나를 존중하고 받들어주길 바라는 마음이다. 이런 이유로 자존심이 강한 사람은 누군가가 자신을 존중하지도 않으면서 거기서 오는 괴리감 때문에 힘들어한다. 이런 경우 독선과 오기로 나타나기도 하고 잘못되면 곧 바로 열등감으로 이어진다.

자존심의 가장 큰 특징은 모든 것의 잣대가 외부의 '타인'이다. 하지만 자존감은 이와는 크게 다르다. 모든 것의 잣대가 내면의 자신을 향한다. 나는 나일 뿐 남들이 뭐라고 하든, 남들이 나를 어떻게 평가하든 나를 존중하고 사랑하고 인정하는 것이다. 다른 사람의 말에 휘둘리지 않고 스스로가 나를 귀하게 여기는 일이다.

그런 이유겠지만 성공한 사람들의 대부분은 자존감이 높은 것으로 알려져 있다. 중국의 등소평은 1미터 60센티가 조금 넘는 단신이었다. 그럼에도 중국의 주석이 되었다. 나폴레옹도 키가 작아서 꼬마 사령관으로 불렀다. 그런 그도 유럽을 지배했고 프랑스의 황제가 되었다. 이들이라고 열등의식이 없었겠는가.

심리학에서는 자신의 불완전함을 인정하는 것이 자기 자신을 존중하고 직시하는 일종의 심리적 에너지를 만든다고 말한다. 그래서다. 언제든 자신의 부족함과 마주 서라, 부족함을 숨기려고 애쓸 필요가 없다. 자신의 불완전함을 인정하는 연습을 하라. 이것이 바로 진짜 내면에서 우러나오는 자신감이다.

자존감은 다음과 같은 훈련으로 키울 수 있다.

"자신을 칭찬하라. 긍정적으로 말하고 생각하고 행동하라. 주변 사람들과의 관계를 개선하라. 일단 지나간 일에 대해서는 후회하지 말라. 다른 사람들과 자신을 비교하지 말라. 삶을 두려워하지 말라. 자신 스스로를 괜찮다고 말하고 위로하라. 자신의 매력을 더욱 강화하라. 틈틈이 자신의 감정을 기록하라."

이런 연습을 통해 얼마든지 자존감을 높일 수 있다는 것이다. 밑져야 본전 아닌가. 돈 들이지 않고 이런 훈련만으로 스스로 당당한 삶의 주인공이 되어보는 것은 어떨까. 자존심이 아닌, 자존감 높은 삶을 사는 것은 결국 자신에게 달린 일이다.

친구는 세월도둑

봄부터 흐르는 물은 겨울이 되어도 얼지 않듯이 마음에서 우러나오는 우정은 역경이 닥친다고 해서 식지 않는다. - 제임스 페니모어 쿠퍼 -

'논밭 팔아 친구 산다'는 말이 있다. 그만큼 인생에서 친구는 중요한 존재라는 의미다. 하지만 세상을 살면서 좋은 친구를 만난다는 것은 쉽지 않은 일이다. 더욱이 나이가 들수록 친구를 사귀기는 더더욱 어렵다. '좋은 친구 세 사람만 얻으면 천하를 얻는 것과 같다'라는 말이 나올 수밖에 없는 이유다. 내가 부족하지 않고 잘 나갈 때는 특별히 노력하지 않아도 주변에 사람들이 많이 모여든다. 하지만 상황이 어려워지면 주변에 머무르던 사람들이 하나둘 떠나기 시작한다. 그런 이유겠지만 한 번 맺은 우정을 끝까지 지키기란 쉽지 않다.

흐르는 물은 겨울이 되어도 얼지 않듯이 마음에서 우러나오는 우정은 역경이 닥친다고 쉽게 식지 않는다. 아이러니하게도 오히려 어려움 속에서 우정이 더욱 돈독해지는 경우가 많다. 죽마고우(竹馬古友)부터 서로 간에 간과 쓸개를 드러내 보이는 친구의 의미인 간담상조(肝膽相照), 관포지교(管鮑之交), 마음에 거슬리는 것이 없는 친구라는 막역지우(莫逆之友), 변함없는 우정을 나타내는 문경지교(刎頸之交), 백아절현(伯牙絶絃) 등은 대표적이다.

특히 '백아절현'은 우정이 무엇인지 그 진수를 잘 보여준다. 전국시대 진(晉)의 거문고 명인인 유백아(乳白牙)와 종자기(鍾子期)라는 인물이 있었다. 종자기는 친구 백아가 타는 거문고 소리를 매우 좋아했다. 하루는 백아가 산에 오르는 모습을 생각하며 거문고를 타는데 종자기가 말했다. "훌륭해! 높고 험한 것이 태산 같군!" 또 흐르는 물을 생각하며 거문고를 타자 "훌륭해! 넘실거리는 것이 마치 강물과 같군" 하면서 감탄했다.

어느 날 둘은 태산에 갔다가 갑자기 쏟아지는 폭우에 잠시 비를 피하게 되었다. 백아는 문득 마음이 슬퍼져 거문고를 타기 시작했다. 처음에는 비가 내리는 곡조로, 다음에는 산이 울리는 소리를 연주했다. 종자기는 백아의 마음을 읽고 위로했다. 그러자 백아는 종자기에게 "자네가 소리를 들을 줄 아는 것이 내 마음과 같아! 내 거문고 소리가 그대로부터 도망칠 곳이 있겠는가"라며 대답했다. 그런데 종자기가 갑자기 세상을 떠나고 말았다. 백아는 너무 슬픈 나머지 이제 자신의 연주를 들을 만한 사람이 없다며 애지중지하던 거문고의 줄을 끊어 버리고 이후로는 다시 거문고를 타지 않았다.

누가 뭐래도 긴 인생 여정 속에서 좋은 친구를 만난다는 것은 큰 축복이다. 진정한 친구를 만나는 것이 말처럼 쉬운 일이라면 이렇게 여러 고사

성어들이 만들어질 수 있겠는가. 옛사람들은 참된 사랑이 드물다 해도 진정한 우정만큼 드문 것은 아니라고 생각했다. 어떤 의미로 사랑보다 우정을 지키기가 더 어렵다는 말일 것이다.

사랑에 신뢰가 필요하다면 우정에는 이해가 필요하다. 상대에 대한 이해가 동반되지 않는 우정은 오래가기 어렵다. 나부터 생각하는 오늘날에는 더욱 그렇다. 모두가 잘난 맛에 사는 세상에서 뭐가 아쉬워 상대를 인내하며 이해하려 들겠는가. 참된 우정은 저절로 주어지는 것이 아닌, 오랜 시간을 통해 만들어가는 것이라는 것. '세월 도둑'이란 말이 그르지 않다.

진정한 자아를 찾자

자아를 찾는 여행은 아무 곳으로도 떠나지 않는 여행이다.　　- 로버트 하프 -

우리에게 익숙한 책 트리나 파울러스(Trina Paulus)의 『꽃들에게 희망을』에 나오는 내용이다. 아이들을 위한 책이지만 성인들이 읽어도 늘 감동을 준다. 주인공 호랑 애벌레는 먹고 사는 것만이 아닌 그 무엇인가를 찾아 세상 곳곳을 여행한다. 그러던 중 꼭대기가 보이지 않을 만큼 높은 곳으로 올라가는 기둥을 발견하게 된다. "그래, 어쩌면 내가 찾으려고 하는 것이 저 곳에 있을지도 몰라." 이런 기대를 하며 다른 애벌레들과 함께 나무 기둥을 오르기 시작한다. 애벌레들은 먼저 오르기 위해 서로를 짓밟고, 짓밟히며 오로지 앞만 보고 오른다. 그런 속에서 호랑 애벌레는 예쁜 노랑 애벌레를 만나면서 오르는 것을 포기하고 다시 내려온다.

호랑 애벌레는 노랑 애벌레와 풀밭에서 평화롭게 지냈지만 그것만으로는 만족할 수가 없었다. 세상에는 새로운 그 무엇인가가 있을 것이라는 생각을 떨칠 수가 없었다. 그래서 노랑 애벌레를 떠나 다시 기둥을 오르기 시작한다.

반면 혼자 남은 노랑 애벌레는 나뭇가지에 대롱대롱 매달린 털주머니 애벌레를 만난다. 여기서 노랑 애벌레는 고치 상태의 과정을 견뎌야 비로소 아름다운 나비가 될 수 있다는 사실을 깨닫는다. "그래, 바로 이거야"라고 생각한 노랑 애벌레는 날기를 간절히 원할 때 진정한 자아를 찾게 될 것이라는 털주머니 애벌레의 말을 되새기며 고치를 짓기 시작한다.

한편, 호랑 애벌레는 여전히 기둥에 오르는 일을 멈추지 않았다. 오히려 어떻게든 이겨야 한다고 생각했다. 만일 다른 애벌레들이 불평을 하거나 성공하지 못한다면 그것은 그들의 문제일 뿐이라고 여겼다. 그는 마침내 목적지에 도착했다. 하지만 그토록 오르고 싶어 했던 꼭대기에 올랐을 때 정작 거기에는 아무 것도 없었다.

결국 호랑 애벌레는 땅에서 위를 올려다보았을 때 대단해 보였을 뿐, 실제로는 그렇지 않다는 사실을 알고 괴로워 한다. 더구나 올라왔던 기둥이 한 개가 아닌 수없이 많은 기둥 중의 하나였다는 사실에 다시 한번 놀라며 풀밭에서 헤어졌던 노랑 애벌레를 다시 그리워하기 시작한다. 그 순간 눈이 부실 정도로 노란 날개를 가진 나비 한 마리가 호랑 애벌레가 올랐던 기둥 주변을 맴돌기 시작했다. 노랑나비와 눈이 마주친 호랑 애벌레는 기어오르는 것이 아닌 현재 날고 있는 노랑나비처럼 날아야 한다는 사실을 깨닫고 올랐던 기둥을 다시 내려온다.

내려오면서 과거 자신과 같이 기둥을 기어오르는 다른 애벌레들을 보면서 지난날을 돌아본다. 땅에 내려온 호랑 애벌레는 노랑 애벌레와 같이 행복하게 지냈던 풀밭을 다시 찾아간다. 그렇지만 노랑 애벌레 대신 어느덧 아름다운 나비가 되어 나타난 노랑나비를 따라 찢어진 고치가 매달린 나무로 올라간다. 그제야 호랑 애벌레는 그것이 무슨 의미인지를 깨닫는다.

1972년에 첫 출간된 이 책은 전 세계적으로 큰 반향을 불러일으켰다. 우리나라에서도 이 책을 읽지 않은 사람은 거의 없을 것이다. 읽는 독자에 따라서, 처한 상황과 나이에 따라서 그 의미가 무지개처럼 다양한 색깔로 해석될 수 있기 때문이다. 특히 자아개념이 형성되기 시작하는 청소년들이 읽는다면 마음이 쑥쑥 자라는데 도움이 될 것이다. 우리도 다 함께 자아 탐색 여행을 떠나 보자.

'피그말리온 효과'

교육의 중요한 목적 중 하나는 세상을 보는 창문을 넓히는 것이다.　　- 아놀드 글래소우 -

피그말리온은 신화 속의 주인공이다. 키프러스의 왕이자 조각가로 등장한다. 그가 여인상을 조각했는데 조각한 여인상이 너무 아름다워 그만 상사병에 걸리고 만다. 이를 본 미(美)의 여신 아프로디테는 그를 위해 조각상에 생명을 불어넣는다. 삶의 용기를 얻은 피그말리온은 다시 일상으로 돌아간다. 무력감에서 벗어나 강한 삶의 의욕을 다시 얻는다. 학생들이나 자녀들이 기대하는 만큼 성장한다는 것이 '피그말리온 효과'다.

로젠탈(R. Rosenthal)과 제이콥슨(Jacobson)은 1968년 샌프란시스코의 한 초등학교에서 학생들을 대상으로 지능검사를 했다. 그중 일부를 무작위로 뽑았고 교사들에게는 이들이 우수한 학생들이란 거짓 정보를 흘렸다. 그런데 몇 개월 후 커다란 변화가 일어났다. 이들의 성적이 다른 학생들보다 큰 폭으로 향상되었다. 4개월 후부터 효과가 더 뚜렷하게 나타났다. 처음에는 기대할 만한 대상은 아니었지만 기대와 강화를 통해 이들의 성취동기가 크게 높아진 결과다.

같은 맥락에서 베커(Becker)의 연구도 있다. 빈민가 지역에 근무하는 교사들은 중산층 지역의 교사들과는 상당히 다른 태도를 보였다. 이들은 학생들에게 별 관심을 쏟지 않았다. 가능한 한 빨리 좋은 학교로 옮기려고만 노력했다. 학생들에 대한 기대와 열정은 좀처럼 찾아보기가 어려웠다. 결국 학년이 올라갈수록 학생들의 성취 수준은 계속 떨어지는 결과로 이어졌다.

경우는 약간 다르지만 일본의 아사히야마 동물원 연구 사례도 있다. 수의사들의 열정과 기대에 관한 얘기다. 이들은 폐원(閉園)될 위기의 순간 "절실함이 곧 변화의 원동력," "실패한 인간보다 목표 없는 인간이 더 가여운 법"이라며 동물원을 살려낸다.

소설가 김중혁의 개인적 고백은 더욱 극적(劇的)이다. 나는 산만한 아이였다. 생활기록표의 평가란에는 항상 '산만'이란 단어가 따라다녔다. "친구들과 사이좋게 지냅니다. 그러나 주의가 산만합니다. 숙제는 잘해옵니다. 하지만 수업 시간에 늘 산만합니다. 그런 얘기를 너무 자주 듣다 보니 어느 순간 나 스스로도 나는 산만한 아이라고 생각하게 됐다. 심지어 산만한 게 나쁜 것이라고까지 생각하게 됐다.

세상에는 산만한 아이가 있는가 하면 그렇지 않은 아이도 있다. 나 같은 경우엔 어린 시절부터 좀 더 산만한 아이로 자라지 못한 것이 후회될 뿐이다. 산만해지지 않으려고 애썼던 시절이 아깝고 왜 나는 산만한 것일까라며 스스로를 질책했던 시간이 아깝기만 하다. 내 마음에 찍혔던 산만한 방점들을 지워 버리는 게 아니었다."

아이들의 성장 과정을 보면 같은 형제간에도 크게 차이가 난다. 유난히 부모에게 집착하는 아이가 있는가 하면 그렇지 않은 아이도 있다. 책을 좋아하고 지적 호기심이 많은 아이가 있는가 하면 꾸미는 일에 흥미를 보이는 아이도 있다. 부모가 특별히 가르쳤기 때문에 그런 것은 아니다. 타고난 차이다. 이런 차이는 성장하면서 자연스럽게 생활이나 활동에 투영된다. 학습활동으로 이어지는 경우가 있는가 하면, 인간관계나 예체능 활동으로 이어져 발군의 능력을 나타내는 경우도 있다.

김중혁은 일본의 동화작가 고미다로의 책 얘기를 다시 꺼낸다. "마음이란 원래가 산만한 것이다. 산만해지지 않는 마음은 마음이 아니다. 마음을 나타내는 '심(心)'자를 보라. 집중을 요구하는 '권(權)'이나 '군(軍)'자와 달리 점으로 각각 떨어져 있어 산만한 상태다. '권'이나 '군'에는 뚜렷한 목표가 있지만, 마음이나 예술에는 목표가 없다. 때문에 마음을 기록하는 예술은 산만한 사람들의 몫이다."

이런 경향성은 거시적인 부분뿐만 아니라 미시적인 부분에서도 잘 나타난다. 예컨대 음악가들이 같은 작곡자의 곡을 연주해도 연주자의 성향에 따라 다른 소리를 낸다. 이런 사례들이 교육에 시사하는 바는 크다. 학생들을 직접 가르치는 교사들 뿐이랴. 후속 세대의 교육에 관심이 있다면 누구에게나 해당될 수 있는 이야기다.

그럼에도 우리 모두는 이런 역할을 제대로 하지 못했다. 오히려 아이들의 단점을 먼저 보았고 이들의 능력을 미리 재단했다. 앞서 밝혔듯이, 교육에서 피그말리온 효과는 상당히 크다. 아이들은 오늘도 우리의 따뜻한 말 한 마디와 작은 격려를 기대하고 있다. 아이들은 아직 조각되지 않은 대리석들이다. 이들에게 생명을 불어넣을 수 있는 사람들은 바로 우리 자신들이다. 이제는 학생들을 위해, 사랑하는 내 자녀들을 위해, 우리 사회를 책임질 후속 세대를 위해 작은 노력을 기울여보자. 칭찬은 고래도 춤추게 한다고 하지 않던가.

책과 사회

인간에게 영감을 주는 것은 오직 책뿐이다.
준비된 독자는 그렇지 않는 독자보다 더 많은 것을 얻을 수 있다.   - E. M 포스터 -

 흔히 '문학을 시대의 거울'이라고 한다. 문학을 통해 그 시대의 삶을 조망해 볼 수 있기 때문이다. 그렇다면 그 내용을 담는 그릇은 무엇일까. 당연히 책이다. 책은 사회적 격변기 때 마다 중요한 역할을 했고 사회 속에서 성장해 왔다. 부패한 사회를 치유하고 나침반 역할을 하는 것도 책이다. 후속세대들에게 지식을 전달하는 수단으로 기능하는 것은 말할 것도 없다. 사례를 들어보자.

 과거 러시아의 군주 알렉산드르 2세가 자유주의 개혁을 단행했다. 그는 1861년 농민폭동이 일어나자 농노 해방령을 내렸다. 그동안 노예처럼 혹사당했던 국민들은 억압에서 풀려나자 사회는 봇물처럼 터져 나오는 다양한 요구로 소용돌이에 빠져들었다. '고삐는 맬 때보다 풀어줄 때가 더 위험하다'는 말 그대로의 모습이었다. 국민들은 처음 맛보는 자유 앞에서 방종을 일삼았다. 이런 무질서 속에서 사회정의를 부르짖는 한권의 책이 나왔다. 도스예프스키의 『죄와 벌』이었다. 러시아 사회는 이 한권의 책을 통해 죄의식을 느끼고 사람들은 질서를 회복하기 시작했다.

　1962년 미국에서도 한권의 책이 나왔다. 레이첼 카슨의 『침묵의 봄』이다. 느릅나무에게 피해를 주는 해충을 잡기위해 뿌려진 DDT가 생태계에 어떻게 영향을 미치는지를 다룬 내용이다. 더 이상 종달새 소리를 들을 수 없다는 사실을 고발하며 "만약 우리가 현재의 문제를 정확하게 인식하지 못한다면 미래의 지구에 어떤 사태가 닥쳐올지 모른다"라고 경고했다. 이후 많은 사람들이 환경단체에 가입하기 시작했고 결국 케네디는 살충제 오용문제에 대한 조사를 명령하기에 이르렀다.

　대혁명 직후 프랑스 사회는 매우 혼란했다. 거리는 굶주린 사람들로 넘쳐났다. 이때 빅토르 위고의 『레미제라블』이 나왔다. 비인간화를 겪은 한 인간이 그 영혼 속에 선한 씨앗을 지키며 성장해가는 과정과 모습을 그린 것이다. 내용은 이렇다. 주인공 장발장은 배가 고파 빵 한 조각을 훔쳤다. 그 대가로 19년간이란 긴 시간동안 감옥에서 지내야만 했다. 사회에 대한 증오와 미움을 안고 감옥을 나왔지만 갈 곳이 없었다. 다행히 성당의 신부를 만나면서 인간애에 눈을 떴다.

　많은 사람들은 이 책을 통해 정의가 무엇인지를 깨닫기 시작했다. 모두 '펜은 칼보다 강하다'라는 말 그대로를 증명해 주는 사례들이다. 이렇듯 책과 사회는 불가분의 관련성을 가진다. 책은 우리의 경험이 미치지 못하는 부분까지 간접적으로 경험하게 한다. 때론 사회에 우리의 감정을 동조

시켜 사회 구성원으로서의 의식을 갖게 한다. 당연한 이야기지만, 인간은 책을 통해 발전하고 성장한다. 사람이 있는 곳에는 반드시 책이 있어야 하고 책이 있는 곳에는 사람이 있어야 한다.

| 에필로그 |

산책을 한다는 것은 단순히 건강만을 위한 것은 아니다. 산책은 사유 활동을 동반한다. '소요학파(逍遙學派)'라는 말도 산책에서 나왔다. 산책이라는 말 그대로 '산책학파(散策學派)'라고도 한다. 고대 그리스의 아리스토텔레스가 리케이온의 숲 속을 거닐며 제자들을 가르친 것에서 유래한 것이다. 후세의 많은 사람들도 걷기를 즐겼다. 니체는 '손만 가지고 글을 쓰는 것이 아니다. 내 발도 항상 한몫을 하고 싶어 한다'고 했다. 과학자나 연구자들도 걷기를 통해 아이디어를 얻은 경우가 많다. 요즘에는 숲 속을 거닐며 학습활동을 하는 프로그램들도 생겨나고 있다. 소요학파까지는 아니어도 일종의 '산책학습'인 셈이다.

필자는 새벽이면 비가 오나 눈이 오나 어김없이 산책을 나간다. 걷는다는 것은 근육의 움직임만이 아니다. 뇌가 호흡하고 움직인다. 논리적 기능을 관장하는 좌뇌(左腦)도 움직이고, 직관적 기능을 담당하는 우뇌(右腦)도 움직인다. 결과적으로 뇌와 몸 전체를 기능하게 만든다. 이런 움직임은 내밀(內密)한 내면과도 통하게 하고 세상과도 통하게 한다. 예컨대 이런 것이다. 한적한 숲길을 걷는다. 나무 한 그루, 풀 한 포기가 눈에 들어온다. 나뭇잎을 만져본다. 갑자기 나뭇잎이 말을 걸어온다. 그 속에는 '다의(多意)'와 또 다른 '다의(多疑)'가 있다.

이것이 바로 산책이 주는 선물이다. 특히 산책을 통해 그날 그날 해야 할 이런저런 일들을 생각하며 정리한다. 어느 때는 자연의 모습을 보면서, 혹은 계절의 추이를 통해 오는 메시지들을 기록으로 남기기도 한다. 이런 습관 속에서 자연스럽게 메모하는 일이 일상화되었다. 이 책의 원고의 대부분은 이렇게 모아진 것들을 두서없이 엮은 것이다.

오늘날을 불확성 시대라고 말한다. 세상은 바쁘게 돌아가고 시계 시간은 우리의 일상을 지배한다. 그 속에 사람들은 속절없이 매몰된다. 세상도 그것을 원한다. 그래서 모두가 바쁘다고 외친다. 이런 이유로 어제의 것과 오늘의 것이 다르고 그 변화의 속도도 매우 빠르다. 그럼에도 한 가지 분명한 것은 인간 본연으로서의 성품과 인간관계 속에서 갖추어야 할 기본적인 덕목들이 있다는 사실이다. 그것은 바로 '세계의 시간'이 아닌 '마음의 시간'으로 우리 자신을 돌아보는 지혜다.